edition suhrkamp 2782

Von der Krise der Sozialdemokratie ist allerorten die Rede. Doch auch viele traditionsreiche Mitte-rechts-Parteien befinden sich im Niedergang oder zumindest in einer Zwickmühle: Sollen sie sich für progressive urbane Milieus öffnen? Oder lieber ihr konservatives Profil schärfen? Während Angela Merkel für das eine Modell steht, repräsentieren Politiker wie Donald Trump oder Sebastian Kurz das andere. Sie sind Vertreter eines radikalisierten Konservatismus.

Natascha Strobl zeigt, wie sie ihre Anhängerschaft mobilisieren, welche Narrative sie erschaffen, um »Message Control« auszuüben und Kritik als Fake News abzutun. Statt inhaltlicher Auseinandersetzung suchen sie die Konfrontation. In ihren eigenen Parteien reduzieren sie die Demokratie, setzen auf kleine Beraterzirkel und Personalisierung. Dabei greifen sie, so Strobl, immer wieder auch auf die Methoden rechtsradikaler Bewegungen und Organisationen zurück.

Natascha Strobl, geboren 1985 in Wien, ist Politikwissenschaftlerin und Publizistin. Sie schreibt unter anderem für den *Standard*, *Zeit online* und die *taz*. Auf Twitter veröffentlicht sie unter #NatsAnalyse Einschätzungen zu rechter Sprache und rechten Strategien.

Natascha Strobl

Radikalisierter Konservatismus

Eine Analyse

Suhrkamp

Für Papa

6. Auflage 2021

Erste Auflage 2021
edition suhrkamp 2782

Satz: Greiner & Reichel, Köln
Druck: C. H. Beck, Nördlingen
Umschlag gestaltet nach einem Konzept
von Willy Fleckhaus: Rolf Staudt
Printed in Germany
ISBN 978-3-518-12782-7

Inhalt

Einleitung

> Die Zeit liegt im Sterben. Bald wird sie begraben.
> Im Osten zimmern sie schon den Sarg.
> Ihr möchtet gern euren Spaß dran haben …?
> Ein Friedhof ist kein Lunapark.
> (Erich Kästner)

Die Welt ist aus den Fugen geraten. Der emotionale Ausnahmezustand scheint zur Normalität geworden zu sein. Diesen Eindruck hat die Pandemie mit ihren ganz realen Ausnahmezuständen nur noch verstärkt – die Risse aber waren vorher schon vorhanden. Einige ganz fein und kaum wahrnehmbar, andere klaffend. An manchen Tagen fühlt es sich an, als wäre die Welt, im doppelten Sinne, verrückt (ge)worden. Die Dinge passen nicht mehr zusammen.

Wie kann es sein, dass Nachrichten, die ein US-Präsident über die Sozialen Medien verbreitet, mit einem Warnhinweis versehen werden müssen, weil er schlicht die Unwahrheit über den Ausgang einer Wahl verbreitet? Wieso übernehmen ein konservativer Bundeskanzler und sein engster Kreis in Österreich auf einmal die Sprache der Identitären? Was ist eigentlich passiert?

Wir leben in einer Zeit, in der lange für selbstverständlich gehaltene Sicherheiten schwinden. Das liegt auch an einer Vielzahl von Krisen, die einander überlagern und verstärken. Die Nachwehen der Finanz- und Wirtschaftskrise von 2008 sind längst nicht überwunden, die Klimakrise ist ein ständiger Begleiter, und schließlich hat eine Gesundheitskrise, die Corona-Pandemie, das öffentliche Leben für Wochen und dann viele Monate gelähmt – gleichzeitig aber wie ein Brandbeschleuniger bestehende Ungleichheiten weiter angefacht.

Aufgrund des Medienwandels und des Einflusses immer neuer Social-Media-Plattformen werden diese Krisen als globale wahrgenommen und politische Ereignisse in Echtzeit kommuniziert. Das setzt auch die bis dato gültige Art, wie Parteienpolitik und -kommunikation betrieben wurden, unter Druck. Neben die etablierten Medien sind eine Vielzahl an Blogs, Online-Zeitschriften und auch einzelne große Accounts auf Twitter, Instagram oder Facebook – ohne Herausgeber, Chefredakteurin oder Redaktion – getreten. Das Vorrecht von etablierten und anerkannten Journalist:innen auf Berichterstattung schwindet. Das bedeutet aber auch, dass sich politische Macht hin zu diffusen Netzwerken und Bubbles verschiebt. Es sind Online-Communities und Allianzen entstanden, die ohne die Sozialen Medien nicht möglich gewesen wären. Dazu gehören neue soziale Bewegungen wie

Black Lives Matter, #metoo oder die Klimaschutzbewegung. Aber diese Dynamik gibt es nicht nur auf der Linken. In den letzten fünf Jahren haben sich diesseits wie jenseits des Atlantik große rechte bis rechtsextreme oder sogar faschistische Online-Communities gebildet.

Angesichts dieser Entwicklungen verharrten viele Parteien in ihren alten Strukturen. Das betrifft insbesondere die staatstragenden Parteien, die sich viele Jahre als Repräsentantinnen der Mitte begriffen haben. Es wird gerne von der Krise der Sozialdemokratie geschrieben. Konservative Parteien haben aber nicht weniger schwerwiegende Probleme. Das Erstarken der Neuen Rechten hat zu Erosionsprozessen innerhalb der konservativen Milieus geführt. Es entstand ein enormer Druck, sich dieser Herausforderung zu stellen. Sollte man entschieden auf Distanz zum außerparlamentarischen Diskurs des Rechtsextremismus gehen? Oder sich dessen Positionen zu eigen machen? Nirgends zeigte sich das im deutschsprachigen Raum deutlicher als in der Frage des Umgangs mit der »Flüchtlingskrise« 2015/16. Während ein Teil des konservativen Milieus (inner- wie außerparlamentarisch) im Konsens mit anderen gesellschaftlichen Akteur:innen versuchte, Lösungen zu finden, radikalisierte sich ein anderer und popularisierte sukzessive Positionen, die zuvor nur in der extremen Rechten zu hören waren.

Fünf Jahre später raunt auch die österreichische Kanzlerpartei ÖVP in Presseaussendungen davon, dass mittels Masseneinwanderung die Mehrheitsverhältnisse im Land geändert werden sollen. Eine Aussage, die frappant an den von der Identitären Bewegung propagierten Verschwörungsmythos vom »Großen Austausch« erinnert, der just 2015/16 verbreitet wurde.

Diese Dynamik existiert nicht nur in Europa, sondern auch in den USA. Das permanente Entsetzen über das oft menschenverachtende Agieren Donald Trumps, dem es 2016 gelang, zum Präsidenten der Vereinigten Staaten von Amerika gewählt zu werden, wurde zur Normalität, und es verbreitete sich die Mär, das habe niemand ahnen können. Das stimmt natürlich nicht. Die Entwicklungen waren absehbar, und luzide Beobachter:innen haben sie vorhergesehen.

Womit wir es hier zu tun haben, ist ein neues Phänomen: der radikalisierte Konservatismus. Wie ist es ihm gelungen, innerhalb kürzester Zeit die politische und mediale Arena, in der wir handeln, denken, diskutieren, umzubauen? Um zu klären, mit welchen Ideologien er verwandt ist und wogegen er sich abgrenzt, lohnt es sich, zunächst einen Blick auf die Entwicklung des »klassischen« Konservatismus und verwandter Strömungen zu richten.

1. Rückblick: Konservative Bewegungen

Konservatismus ist eine der drei großen politischen Ideologien, die mit dem Aufkommen der modernen Nationalstaaten und des Nationalismus im 18. bzw. 19. Jahrhundert entstanden sind. Seine gesellschaftliche Basis hat er im Bürgertum. Die Wahrung der bestehenden Verhältnisse, im materiellen wie im ideellen Sinne, ist seine wichtigste Forderung. Damit richtet er sich gegen einen aufgeklärten Liberalismus, wie er sich im Zuge der Französischen Revolution herausgebildet hat, und zugleich gegen einen (revolutionären) Sozialismus, der die Besitz- und Vermögensverhältnisse infrage stellte.

Konservatismus ist nicht nur eine Abwehr- oder Gegenideologie, sondern verfügt über ein eigenständiges ideologisches Inventar. Zentrale Bedeutung darin hat die Vorstellung, Ungleichheit sei für das Funktionieren einer Gesellschaft konstitutiv. Klare Hierarchien sichern die soziale Ordnung. Gerät sie in Schieflage, kommt es zu Krisenerscheinungen.

Der konservative Antiegalitarismus steht gleichermaßen quer zu den ideellen wie materiellen Gleichheitsvorstellungen von Liberalismus und Sozialismus: Weder sind alle Menschen gleich, noch besteht eine untrennbare Einheit zwischen den Werten »Freiheit, Gleichheit, Geschwisterlichkeit«.

Hierarchie qua Geburt ist also ein fester Bestandteil der konservativen Ideologie. Das wird spätestens im Erwerbsleben deutlich, wo den verschiedenen Berufsgruppen bzw. Kapital und Arbeit jeweils ihre bestimmte Rolle zukommt: Sie stehen einander komplementär und nicht konfrontativ gegenüber. Neben diese Vorstellung der Klassenharmonie tritt, ganz wie beim Liberalismus, die Betonung der Bedeutung von Privateigentum und dessen Schutz sowie – auf ideeller Ebene, wiederum in Abgrenzung zu Liberalismus und Sozialismus – ein programmatischer Antirationalismus: Der religiöse Glaube ist der menschlichen Vernunft zumindest gleichwertig, wenn nicht übergeordnet.

Kurz gefasst, verstehen wir unter Konservatismus also eine antiegalitäre, antirevolutionäre, klassenharmonisierende Haltung, deren höchste Werte Ordnung und Eigentum sind.

Deutlich jünger als Konservatismus, Liberalismus und Sozialismus sind Faschismus und Nationalsozialismus. Dieser Begriffskomplex bezeichnet politische Strömungen, die sich nach dem Ersten Weltkrieg entwickelt haben. Zugrunde liegt ihnen eine antidemokratische, antisozialistische, antiliberale, nicht aber antirevolutionäre Ideologie, die sich als Bewegung,

Partei und Staat manifestiert.[1] Zentral ist eine kriegerische und soldatische Weltsicht. Jeder Lebensbereich wird als Arena eines permanenten Kampfes betrachtet. Geschichte vollzieht sich dabei als dynamischer Prozess, in dem sich eine Gruppe – ein Volk oder eine Nation – gegen feindliche Kräfte zu behaupten hat. Dazu muss sie entsprechend durchorganisiert sein.

Vom Konservatismus unterscheiden sich Faschismus und Nationalsozialismus durch ihren dezidiert gesellschaftsverändernden, in gewisser Hinsicht revolutionären Charakter. Im Gegensatz zum Konservatismus wollen sie nicht (bloß) bewahren oder (reaktionär) ein altes Regime wieder errichten, sondern vorwärts in eine Zukunft, die jedoch auf Basis einer (fiktiven) mystifizierten Vergangenheit gedacht wird.[2] Dieser Mythos ist zentraler Bezugspunkt und Selbstverständnis zugleich. Aus ihm speist sich die Vorstellung einer faschistischen Utopie, die es durch einen Umbau der Gesellschaft – entlang völkischer, nationalistischer, kultureller und biologistischer Determinanten – zu verwirklichen gilt.[3]

Es gibt breite und hitzig geführte Diskussionen über die korrekte Definition von Faschismus und über die Frage, wie er sich zum Nationalsozialismus verhält. Häufig werden die Gemeinsamkeiten betont; aus dieser Perspektive erscheint der Nationalsozialismus als extreme Form des Faschismus. Vertreter:innen einer sehr engen Faschismus-Definition zufolge ist der Begriff einzig auf die Staatsherrschaft des italienischen Faschismus (1922-1945) anwendbar.[4] Damit wird er jedoch zu einem bloßen Eigennamen für dieses konkrete historische Phänomen – die Diktatur des »Duce« Benito Mussolini – und lässt sich weder auf ähnliche, zeitgleiche Phänomene noch auf aktuelle Bewegungen, Parteien und Organisationen übertragen. Umgekehrt ist es wichtig, keine zu weite Definition zu bemühen, unter die jedes Phänomen der (extremen) politischen Rechten fällt, da »Faschismus« dann zu einem reinen Schreckensbegriff wird, der keinerlei sinnvolle Präzision mehr zulässt.

Definitorische Schärfe ist auch bei Verwendung des Begriffs »Nationalsozialismus« notwendig, um die Differenziertheit und die strategischen Neuausrichtungen der extremen Rechten zu fassen. Alles mit den plakativen Labeln »faschistisch« bzw. »nationalsozialistisch« zu versehen, ist dabei nur hinderlich. Die in der Forschung am häufigsten angeführten Unterschiede zum Faschismus sind ein rabiater und eliminatorischer Antisemitismus, die herausragende Rolle des pseudowissenschaftlichen Rassismus sowie der singuläre Zivilisationsbruch des Holocaust bzw. der Shoah.[5]

Gegen die Auffassung, der Nationalsozialismus lasse sich (einfach) als eine (extreme) Form des Faschismus begreifen, gibt es wiederum überzeugende Argumente. Dabei stehen weniger ideologische Unterschiede im Fokus als die Divergenzen in der Praxis, die aus den materiellen Gegebenheiten (das hoch technologisierte Deutschland hatte andere Möglichkeiten als zum Beispiel das viel weniger industrialisierte Rumänien) und den Kräfteverhältnissen innerhalb der faschistischen bzw. nationalsozialistischen Parteien und Bewegungen resultieren.

Der rabiate Antisemitismus des Nationalsozialismus sticht aus einer ganzen Reihe von Eigenschaften hervor, die sich aus einer Ideologie der radikalen Ungleichheit und einer damit verbundenen Ungleichwertigkeit ableiten. Antisemitismus spielt in mehr oder weniger radikaler Form in nahezu jeder Erscheinungsform des Faschismus eine Rolle und ergibt sich aus dem jahrhundertealten Antijudaismus und Antisemitismus in Europa.[6] Darüber hinaus existieren allerdings weitere geteilte Ideologeme der Ungleichheit und Ungleichwertigkeit, die auf völkischen Rassenvorstellungen beruhen wie Antiziganismus oder antislawischer Rassismus. Hinzu kommen soziale Ungleichheitskriterien wie Behinderung, Krankheit und soziale Deprivation (etwa Trunksucht). Daraus ergeben sich biopolitische Konzepte, die mithilfe von Sterilisation, Methoden der Eugenik oder Rassengesetzen die Reproduktion regulieren und (im Extremfall durch Euthanasie) die »Volksgesundheit« garantieren sollen. Allen Erscheinungsformen des Faschismus ist zudem eine radikale Geschlechterdichotomie inhärent: Frauen kommt vor allem die Aufgabe zu, für die Reproduktion des Volkes zu sorgen, das nur durch die Geburt von »rassisch« wünschenswerten Kindern wachsen kann.[7] Die ständige Bedrohung des »Volkes«, der »Nation«, der »Rasse« führt zu einem als permanent gedachten Belagerungszustand, dessen man sich durch Krieg und Eroberung zu erwehren habe. Die Ausweitung des »Lebensraums« für das eigene »Volk« wird im faschistischen Denken so zu einem Verteidigungs- und Präventivakt.

Die soziale Basis des Faschismus ist ein unzufriedenes Kleinbürger- sowie Beamtentum, das sich in einer Zeit der Krise gleichermaßen gegen den herrschenden Machtblock oben wie gegen ein (revolutionäres) Proletariat unten wendet, aus Angst vor gesellschaftlichem Abstieg, vor dem Verlust kulturellen Einflusses und traditioneller Werte.[8] Faschismus wird mit der Zeit zur klassenübergreifenden Koalition, die auch Teile des Proletariats sowie entscheidende Fraktionen aus Großbürgertum und Adel einschließt. Sie sammeln sich unter dem Versprechen eines völkisch-nationalistischen Umbaus der Gesellschaft mit der entsprechenden Ausgrenzung als nicht zugehörig definierter Gruppen.[9]

Das Verhältnis von Konservatismus und Faschismus ist prekär – weder stehen sie quer zueinander, noch liegen sie auf einer Linie. Beide sind auf klare Ordnungen und Hierarchien (zwischen den Geschlechtern, im

Erwerbsleben etc.) ausgerichtet, antiegalitär und antisozialistisch. Doch neben solchen Überschneidungen gibt es signifikante Unterschiede. Konservatismus ist eine Herrschaftsideologie zur Absicherung bestehender (Besitz-)Verhältnisse. Faschismus ist eine Ideologie, die – durch einen (gewissen) Austausch der Machteliten – die bestehende politische Ordnung überwinden möchte.

Der Faschismus lehnt die Emanzipationsbewegungen der Moderne ab,[10] was ihn mit dem Konservatismus verbindet, besitzt jedoch, anders als dieser, eine starke Affinität zu technischem Fortschritt, nicht zuletzt, was den Einsatz moderner Propagandatechniken betrifft.[11] Der Religion kommt in den verschiedenen faschistischen Bewegungen – sei es aus Überzeugung oder Kalkül – ein sehr unterschiedlicher Stellenwert zu. Für den Konservatismus ist dieses Element aber nicht verhandelbar: Der antirationale Affekt speist sich hier direkt aus einem religiösen Weltbild.[12] Im Faschismus hingegen folgt er aus einer metaphysischen Überhöhung des Volksgedankens, die mit dem Versprechen einer (überindividuellen) Unsterblichkeit einhergeht. Peter Berghoff hat sie als »profane Transzendenz« bezeichnet.[13]

Die Unordnung der (politischen) Welt

In der (historischen) Praxis sind politische Phänomene selten in Reinform zu betrachten. Einzelne Personen, Organisationen und historische Momente sind geprägt von einer Vielzahl von Einflüssen – Ideologien, den materiellen Umständen der Zeit (Wirtschaftskrisen, Währungseinbrüchen, Hungersnöten, Pandemien, Kriegen), Massendynamiken oder den Interessen einzelner Beteiligter. Betrachtet man historische Momente oder Prozesse durch eine einzige Linse, ergibt sich – ganz gleich, wie scharf man damit fokussiert – stets ein verzerrtes Bild. Realität ist komplex und unordentlich. Sie fügt sich nicht theoretischen Modellen, Beschreibungen und Definitionen.

Entsprechend existieren in der Realität neben Spektren, die sich jeweils um zentrale ideologische Kernelemente herum gruppieren, eine ganze Reihe von Halb- oder Mischspektren. Dazu zählen etwa liberalkonservative Parteien oder auch sozial-liberale Bewegungen. Die Geschichte der Sozialdemokratien vieler Länder ist geprägt von der Aufnahme und Aufgabe verschiedener Elemente. Auch die Entwicklung der Grünen folgt dem Versuch, verschiedene Ideologien unter einer Klammer (Ökologie) zu verbinden.

Nicht anders verhält es sich innerhalb des konservativen und des extrem rechten Spektrums. Neben dem Faschismus an der Macht gab und gibt es eine

Vielzahl faschistischer Strömungen und Organisationen, die teils im Widerspruch zueinander standen und stehen. Einige sind von liberalen oder neoliberalen Ideen geprägt, andere reaktionär bzw. monarchistisch, wieder andere entstanden aus dem Konservatismus. Die Frage, wodurch sie sich voneinander unterscheiden, ist auch für Wissenschaftler:innen oft schwer zu beantworten. Häufig ist dieses Erkenntnisinteresse stark von politischen Befindlichkeiten überlagert.[14] Statt zu versuchen, die einzelnen Strömungen analytisch fein säuberlich von verwandten Phänomenen zu trennen, um so eine Brandmauer zwischen ihnen zu errichten, ist es wichtig, sich diese fließenden Übergänge genauer anzuschauen und sie präzise zu benennen.

Wie bereits erwähnt, kann man solche Übergänge zwischen allen möglichen Strömungen aufzeigen. Das bedeutet nicht, dass diese jeweils die gleiche Relevanz in den jeweiligen Übergangsbereichen haben. So waren etwa die Versuche der Nationalrevolutionäre, Sozialismus und Nationalismus miteinander – auch theoretisch – zu verknüpfen, zwar interessant, aber überschaubar und wurden vorwiegend von Seiten der extremen Rechten unternommen.[15] Das Mischspektrum zwischen Faschismus und Konservatismus hingegen bedarf einer näheren Betrachtung, da beide hier aktiv zusammenkommen.

Die Neue Rechte

Die durch die Medien verbreiteten Vorstellungen von der extremen Rechten sind oft sehr verzerrt. Dazu gehören Klischeebilder von kahlgeschorenen jungen Männern mit Bomberjacke und Springerstiefeln, die nach wie vor etwa in Illustrationen zu TV-Nachrichten ganz unironisch verwendet werden. Oftmals liegt zudem der Fokus auf einzelnen Organisationen oder Protagonist:innen der Szene. Aber so wichtig es ist, Netzwerke aufzudecken und sich näher mit einzelnen Personen und Organisationen zu beschäftigten, darf man darüber nicht vergessen, dass es sich bei Rechtsextremismus um (angewandte) Ideologie handelt. Das bedeutet auch, dass Menschen – etwa über gewisse (Sprach-)Bilder – rechtsextreme Logiken verbreiten können, ohne selbst rechtsextrem zu sein. Dementsprechend wichtig ist es, rechtsextremen Tendenzen in einer Gesellschaft nachzugehen, etwa, wie etwas öffentlich diskutiert wird oder wer mit welchen Frames und Begriffen operiert. Denn gerade der Teil der extremen Rechten, der ebenjenen veralteten Klischeevorstellungen nicht entspricht, versteht es, Sprache als Waffe einzusetzen.

Ende der sechziger Jahre entwickelte sich in Frankreich ein Zirkel innerhalb der extremen Rechten, der drei grundsätzliche Neuerungen brachte. Die Nouvelle Droite, also Neue Rechte, warf als Erstes den direkten Bezug auf den Nationalsozialismus über Bord – im Frankreich der Nachkriegszeit, das sich als Siegernation verstand, kam man mit NS-Nostalgie nicht weit. Stattdessen fanden die Akteur:innen neue Vorbilder: die »Konservative Revolution« der Zwischenkriegszeit (siehe Kapitel 3). Mit ihr konnte man sich sogar in eine Art rechte Widerstandsgeschichte einschreiben, ohne auf eine antidemokratische, autoritäre und faschistische Gesinnung verzichten zu müssen.

Hinzu kam, zweitens, dass sich die Nouvelle Droite eine neue Kampfarena aussuchte. Statt auf dem Feld der Politik im engeren Sinne, wo es gilt, Parteien zu gründen, Wahlen zu gewinnen und in Parlamente einzuziehen, wollte man im »vorpolitischen Raum« Erfolge erzielen.[16] Für diese Strategie bediente sich die Nouvelle Droite beim italienischen marxistischen Theoretiker Antonio Gramsci und dessen Hegemonietheorie.[17]

Gramsci schrieb seine Überlegungen im Gefängnis des italienischen Faschismus nieder.[18] Ihm zufolge genügt es in einer komplexen Industriegesellschaft nicht, sich an die Macht zu putschen. Um die eigenen Vorhaben und Ideen umsetzen zu können, müsse man ihnen zuvor breite gesellschaftliche Akzeptanz verschaffen. Erst dann könne der Wechsel an der Spitze des Staates dauerhaft erfolgreich sein.

Formelle Macht war für Gramsci nur der letzte

Schritt einer tiefgreifenden gesellschaftlichen Umwälzung. Er betrachtete es als demokratische Aufgabe einer progressiven Partei, die Kultur der Arbeiter:innenklasse sicht- und fühlbar zu machen. Dazu müssten Intellektuelle, die selbst aus der Arbeiter:innenklasse kommen und aus dieser Position heraus sprechen können (Gramsci bezeichnete sie als »organische Intellektuelle«), ein breites Bündnis schmieden: mit traditionellen Intellektuellen (Künstler:innen, Schriftsteller:innen, die sich als eigene Klasse außerhalb der Gesellschaft verstehen, aber sehr wohl eine wichtige Rolle in ihr spielen) ebenso wie mit allen anderen gesellschaftlichen Kräften, um schließlich als »historischer Block« an die Macht zu gelangen. Dazu braucht es aber eben kulturelle Hegemonie: Auf Ebene des öffentliches Diskurses oder im Bildungsbereich muss es einc Übereinkunft geben, dass die eigenen Ideen, die eigenen Praxen, die eigene Sprache das Empfinden einer Mehrheit treffen.[19]

Akteur:innen der extremen Rechten haben sich Gramscis Hegemonietheorie zu eigen gemacht. Dabei haben sie alles verworfen, was daran demokratisch oder marxistisch ist. Ihr Ziel war es nicht, die Umstände für die Mehrheit der Menschen (durch Überwindung des kapitalistischen Systems) zu verbessern, sondern Hegemonie zu erlangen, um selbst an die Macht zu kommen.[20] Dieser Gramscianismus von rechts (der Gramsci unrecht tut) ist die theoretische Leitlinie, nach der die Neue Rechte agiert. Und die angepasste Strategie zeigt sich vor allem auf dem Feld der Sprache.

Während bei Gramsci Hegemonie viel mehr beinhaltet als bloße Diskursdominanz, konzentriert sich die Neue Rechte auf die Sprache und benutzt sie als Waffe. Nicht um zu überzeugen, sondern um den demokratischen Diskurs zu zerstören.[21] Zu diesem Zweck hat sie sich ein ganzes Arsenal geeigneter Mittel zugelegt, von der Setzung bestimmter Frames über das Entwickeln von Narrativen bis zu Argumentationstechniken. Dazu gehört auch ein entsprechendes Auftreten: Um konservative Kreise nicht zu verschrecken, geben sich die Neuen Rechten betont angepasst und zivil.

Die Protagonisten der Nouvelle Droite waren allesamt Männer aus elitären akademischen Institutionen.[22] Aus einer vermeintlichen Mitte der Gesellschaft kommend, sahen sie sich als organische Intellektuelle (im Sinne Gramscis) und bemühten sich, Angehörige der Bildungselite als »Multiplikator:innen« zu gewinnen.[23]

Aufgrund ihrer Herkunft, der gewählten Arena des öffentlichen Diskurses und der angepassten Strategie suchten sie – und darin besteht die dritte der erwähnten Neuerungen – eine Verbindung zwischen konservativen und faschistischen Kreisen herzustellen. Die Nouvelle Droite als Misch- oder Überlappungsspektrum zwischen traditionellem (völkischen, neonazistischen) Rechtsextremismus und staatstragend-bürgerlichem Konservatismus war geboren.[24] Von Frankreich gelangte dieses Ideologieverständnis zunächst nach Deutschland, später nach Österreich und in den angelsächsischen Raum.

Zu Beginn des 21. Jahrhunderts trat eine neue Generation der Neuen Rechten in Erscheinung. Eine Inspirationsquelle war und ist CasaPound Italia, eine 2003 in Rom entstandene Organisation, die offen in der Tradition des italienischen Faschismus steht und politischen Aktivismus, Popkultur, Kulturkampf und Öffentlichkeitsarbeit miteinander zu vereinen sucht. In Deutschland sammelte sich die Neue Rechte rund um das 2000 gegründete Institut für Staatspolitik, den im selben Jahr ins Leben gerufenen Verlag Antaios in Schnellroda und die seit 2003 erscheinende Zeitschrift *Sezession*. Die zentralen Personen sind das Ehepaar Götz Kubitschek und Ellen Kositza.

In Frankreich entwickelte sich im Herbst 2012 schließlich die Génération Identitaire, die als »Identitäre Bewegung« viele Nachahmer in ganz Europa gefunden hat. Sie eröffnete neue Arenen, insbesondere im digitalen Bereich, und setzte verstärkt auch auf Bilder, Memes und Videos. Das wiederum haben die Identitären mit der sich parallel dazu in den USA entwickelnden Alt-Right-Bewegung gemein.

Jetzt, am Beginn des dritten Jahrzehnts des 21. Jahrhunderts, stehen wir also einer Neuen Rechten gegenüber, die sich vor allem über digitale Räume reproduziert und auf diesem Feld ihren Kulturkampf um die Köpfe der Menschen austrägt. Natürlich operiert auch sie nicht in einem Vakuum. Viele Akteur:innen hatten schon zuvor politische Karrieren und stammen bisweilen sogar aus dem organisierten Neonazismus.[25] Auch gibt es immer wieder Berührungspunkte mit verschiedenen anderen Bereichen der extremen Rechten. Man traf und trifft sich etwa auf Pegida-Demonstrationen, bei Protesten gegen Corona-Maßnahmen, auf Großveranstaltungen wie dem Kongress »Verteidiger Europas«, gehört derselben deutschnationalen Studentenverbindung an oder schreibt für dieselben Magazine. Dieser fluide Charakter und die Beeinflussungen auf und von allen Seiten sind wichtig, um zu verstehen, was gerade geschieht.

Eine Zäsur markieren hier die Jahre 2015 und 2016, die in Europa die großen Fluchtbewegungen (und die rassistischen Mobilisierungen dagegen) sowie das Brexit-Referendum und in den USA einen Wahlkampf und -sieg von Donald Trump brachten. Sein Erfolg wäre nicht denkbar gewesen ohne die Kulturkrieger:innen-Armee der Alt-Right-Bewegung.

Unter diesem Label hat sich in den USA seit Anfang des 21. Jahrhunderts ein reges Netzwerk an Akteur:innen zusammengefunden. Dazu zählen evangelikale Prediger:innen wie Paula White, Rundfunk- und Fernsehmoderator:innen wie der im Februar 2021 verstorbene Rush Limbaugh oder auch *pundits*,[26] die in TV-Politformaten einem Mainstream-Publikum rechtsextreme Inhalte nahebringen. Eine der zentralen Figuren ist Ben Shapiro, der vor allem ein jüngeres rechtes Publikum anspricht. Shapiro, Jahrgang 1984, schrieb sein erstes Buch im Alter von 20 Jahren und hatte bereits mit 17 eine Kolumne. Von 2012 bis 2016 arbeitete er als Redakteur für *Breitbart News*, das wichtigste Online-Medium der Alt-Right-Bewegung.[27] Mit *The Ben Shapiro Show*, die auch als Live-Radio-Sendung verbreitet wird, ist er einer der erfolgreichsten Podcaster der USA. Eine weitere intellektuelle Galionsfigur ist der kanadische Psychologe Jordan Peterson. Aus der komfortablen und elitären Position des Universitätsprofessors heraus präsentiert sich Peterson als Renegat im Kampf gegen eine fatale Political Correctness, Kommunismus, die »AntiFa« und eine vage linke Bedrohung, die ihm angeblich seine Meinungsfreiheit raubt.

Mit genau diesem Geschäftsmodell hat sich eine rechtsextreme Medienszene entwickelt, der es weder an Mitteln noch an Gästen mangelt und deren Protagonist:innen ihre Follower über Youtube, Facebook oder Twitter erreichen. Jede:r von ihnen setzt unterschiedliche Schwerpunkte, von evangelikalen Erweckungsfantasien über blanken Rassismus bis zu Antifeminismus und Misogynie. Sie geben die *talking points*, die Sprachbilder und Memes vor, die millionenfach in Foren wie 4chan, 8chan, in Gaming-Communities oder auf Reddit kopiert werden. Mit Donald Trump hat sich das Puzzle vervollständigt. Jemand, der genauso denkt wie sie, wurde US-amerikanischer Präsident.

Rohe Bürgerlichkeit

Die klassischen konservativen Milieus sind nicht bloß passive Empfänger der Agitation extremer Rechter. Es findet gleichzeitig eine Radikalisierung aus dem konservativen Bürgertum heraus in Richtung offenem Rechtsextremismus statt, und in der Neuen Rechten treffen diese beiden Bewegungen aufeinander. Dem liegt ein autoritäres Denken zugrunde, das auch in einem soziologisch verwandten Phänomen zum Ausdruck kommt – der rohen Bürgerlichkeit.

In einer kapitalistischen Gesellschaft ist rohe Bürgerlichkeit keine Ausnahmeerscheinung, sondern geradezu erstrebenswertes Ideal. Der Soziologe Wilhelm Heitmeyer hat es erstmals beschrieben.[28] Wie er betont, steht dabei »nicht die ökonomische Klassenzugehörigkeit im Zentrum, sondern vielmehr die Tatsache, dass unter einer dünnen Schicht zivilisiert-vornehmer (›bürgerlicher‹) Umgangsformen autoritäre Haltungen verborgen sind, die immer deutlicher sichtbar werden, meist in Form einer rabiater werdenden Rhetorik«.[29]

Was Heitmeyer hier in den Blick nimmt, ist die Tendenz bestimmter bürgerlicher Schichten, gesellschaftliche Solidarität aufzukündigen und sie durch eine Ideologie der Härte zu ersetzen. Sie artikuliert sich in einem Fetisch der Eigenverantwortung, Effizienz und Leistungsmaximierung: »Diese Haltungen verbinden sich oft mit der Verachtung schwacher Gruppen, etwa im Rahmen einer ökonomistischen Logik oder der Einforderung von Etabliertenvorrechten, häufig im Gestus der eigenen Überlegenheit vorgebracht. Wo solche rohe Bürgerlichkeit herrscht, fehlt vielfach das Gefühl für Gerechtigkeit, Solidarität und Fairness, die eben nicht an Effizienz, Nützlichkeit und Verwertbarkeit gekoppelt sind bzw. sich an solchen Maßstäben messen ließen.«[30]

Rohheit und Gewalt sind in allen sozialen Schichten zu finden – man denke nur an die nach wie vor zahlreichen, nicht auf ein bestimmtes Milieu beschränkten Frauenmorde in allen Gesellschaften. »Der Unterschied besteht darin«, so Heitmeyer, »dass die spezifische Rohheit des bürgerlichen Milieus (wegen der Fassade zivilisierter Umgangsformen) oft verdeckt zum Ausdruck kommt, dass sie aber dort, wo sie offensichtlich wird, die Form eines sehr selbstbewussten und machtbewussten Autoritarismus annehmen kann und dadurch (über Institutionen, Gesellschaftsclubs und Medien) großen Einfluss auf das soziale Klima hat.«[31]

Besonders gefährlich ist die rohe Bürgerlichkeit, weil sie breit akzeptiert, also hegemonial wird und gesellschaftliche Organisierung findet. Ihr wird zum Beispiel von zahlreichen Think-Tanks Ausdruck verliehen, die darauf hinwirken, den Sozialstaat abzuschaffen oder Arbeitslosen das Wählen zu verbieten. In diesen Kontext gehören auch die von Thilo Sarrazin mit Bestsellern wie *Deutschland schafft sich ab* (2010)[32] oder *Feindliche Übernahme. Wie der Islam den Fortschritt behindert und die Gesellschaft bedroht* (2018) verbreiteten sozialdarwinistischen Ideen. In Zeiten der Pandemie haben sich solche Tendenzen in Diskussionen um Durchseuchung und das Sterbenlassen von »Kranken und Schwachen« gezeigt, die von der Great Barrington Declaration und dem American Institute for Economic Research ihren Ausgang nahmen und auch von vielen bürgerlichen Zeitungen, etwa der *NZZ*, als normaler, rationaler Beitrag gebracht wurden.[33] Angehörige anderer Schichten haben nicht das (zweifelhafte) Privileg, dass ihre in Worte gegossene Rohheit als gesellschaftlich akzeptabel und debattierbar gilt.

Nun gibt es in vielen politischen Systemen Parteien der extremen Rechten.[34] Manche bestehen schon sehr lange, etwa in Österreich die FPÖ, deren Vorgängerpartei, Verband der Unabhängigen (VdU), vier Jahre nach Ende des Zweiten Weltkrieges gegründet wurde,[35] andere haben die politische Bühne erst vor Kurzem betreten und verändert, etwa die Alternative für Deutschland (AfD). Es sind klassische Oppositionsparteien; wenn sie an einer Regierung beteiligt werden, bedeutet das einen Tabubruch und markiert eine Zäsur im jeweiligen politischen System.

Im Gegensatz zum klassischen Konservatismus streben rechtsextreme Parteien eine schnelle und umfassende Transformation der Gesellschaft an. Konservative Parteien dagegen möchten den Status quo aufrechterhalten bzw. nur behutsam ändern.[36] Wo sie, angetrieben von der Dynamik der rohen Bürgerlichkeit, eine Bewegung hin zum Rechtsextremismus vollziehen, entsteht der radikalisierte Konservatismus.

Radikalisierter Konservatismus

Unter radikalisiertem Konservatismus verstehe ich eine Transformation bestehender konservativer Großparteien. Das sind Parteien mit langer Tradition und wechselhafter Geschichte, die sich nicht auf einzelne gesellschaftliche Gruppen fokussieren, sondern in unterschiedlichen Fraktionen des Bürger- und/oder Unternehmertums ebenso Unterstützung finden wie in der Bauernschaft, unter Angestellten, Akademiker:innen oder in Teilen der Arbeitnehmer:innenschaft –

catch-all-Parteien, die darauf aus sind, möglichst viele verschiedene Menschen anzusprechen, ähnlich wie die Sozialdemokratie das etwas weiter links im politischen Spektrum versucht. Beide Lager – Mitte-links und Mitte-rechts – hatten sich auf einen Nachkriegskonsens geeinigt, der natürlich immer wieder neu ausgehandelt werden muss, aber auf einem prinzipiellen Einverständnis beruhte: Konservative und Arbeitgeber:innen auf der einen, Sozialdemokratie und Arbeitnehmer:innen sowie Gewerkschaften auf der anderen Seite erkannten das zwischen ihnen bestehende Kräftegleichgewicht an und versuchten nicht mit aller Macht, eine Durchsetzung ihrer jeweiligen Ziele und Interessen gegen die der anderen Seite zu forcieren. In Österreich manifestierte sich dieser Konsens in der Sozialpartnerschaft, wie die Kooperation zwischen Arbeitgeber:innen- und Arbeitnehmer:innenverbänden genannt wird; Konflikte sollten gelöst und durch einen Interessenausgleich beigelegt werden. In Deutschland steht vor allem das Konzept der sozialen Marktwirtschaft für eine solche Suche nach Ausgleich.

Dieser Konsens war stets fragil und wurde immer wieder gebrochen, etwa in der Zeit von Margaret Thatcher als Premierministerin in Großbritannien oder während der Reformregierungen unter dem sozialdemokratischen Kanzler Bruno Kreisky in Österreich. Beide haben ihre Vorhaben ohne Rücksicht auf die jeweilige Gegenseite umgesetzt. Bei Thatcher bedeutete dies die blutige Zerschlagung der mächtigen britischen Gewerkschaften und die nachhaltige Verödung von Arbeiter:innen-Städten und -Communities, bei Kreisky eine grundlegende Modernisierung des Bildungssystems und die nachhaltige Integration der aufstrebenden und zu Wohlstand gelangenden Arbeiter:innen. Ansonsten wurde der Nachkriegskonsens mehr oder weniger eingehalten. In Österreich manifestierte er sich sogar in Gestalt einer Großen Koalition, die durchgängig bis 1966 und dann wieder ab 1987 regierte.[37] Im Jahr 2000 wurde er dann jedoch ein zweites Mal gebrochen, als die ÖVP mit der FPÖ Jörg Haiders eine Regierung bildete. Nachdem sich SPÖ und ÖVP 2007 wieder zusammengerauft hatten, verlor die Große Koalition immer mehr an Zustimmung in der Bevölkerung, bis Sebastian Kurz einen Schlussstrich unter diese Form der Partnerschaft zog.

Im Zweiparteiensystem der USA verlief die Entwicklung ein wenig anders. Prinzipiell gab es aber den Konsens, dass die US-Präsidenten aus dem etablierten politischen System kamen. Präsidenten waren zuvor Gouverneure, Senatoren oder Vizepräsidenten. Wer außerhalb des politischen Systems stand, wie der frühere Schauspieler Ronald Reagan, musste sich zumindest ein paar Jahre nach oben dienen, Reagan beispielsweise als Gouverneur Kaliforniens. Diese gemeinsame Klammer wurde, bei allen politischen und ideologischen Zäsuren, nicht gebrochen. Davon gab es viele:

Reagan mit seinen neoliberalen *reaganomics*, der im Gleichschritt zum Thatcherismus in Großbritannien agierte. Oder der Afghanistan-Feldzug, die innenpolitischen Anti-Terror-Maßnahmen sowie der dritte Golfkrieg unter George W. Bush. Stets aber wurde die *bipartisanship* beschworen, also die Bereitschaft beider Parteien, zum Wohle des Landes gewisse Gegensätze hintanzustellen, Kompromisse einzugehen und wichtige Entscheidungen gemeinsam zu tragen. So stimmten auch zahlreiche Abgeordnete der Demokraten (etwa der aktuelle Präsident Joe Biden) für die Kriege und Grundrechtseinschränkungen im Namen der Terrorbekämpfung. Die erste echte und deutlich sichtbare Zäsur – habituell, im Politikverständnis und in der politischen Praxis – war Donald Trump, wenngleich sich diese schon in den Obama-Jahren mit dem Aufkommen der Tea-Party als ultrakonservativer Graswurzel-Bewegung abgezeichnet hatte.

Radikalisierter Konservatismus ist zugleich Bruch und Kontinuität der Entwicklungen davor. Die konservative Partei kündigt einseitig den (prekären) Konsens mit der linkeren staatstragenden Partei – der (historisch) organisierten Arbeiter:innenbewegung – auf. Allerdings fällt radikalisierter Konservatismus nicht vom Himmel. Konservative Parteien werden nicht von außen übernommen, sondern Tendenzen innerhalb dieser verstärken sich. Sie können über Jahre innerhalb der Partei schwelen und dann mit Härte, Dreistigkeit und aufgrund mangelnden internen Widerstands sichtbar werden. Weder Trump noch Kurz sind einfach passiert.

Der Weg zur Macht

2008 ist eine Zäsur, deren enorme Bedeutung bis heute nicht wirklich begriffen worden ist. Innerhalb eines Jahres ist fast die gesamte Weltwirtschaft kollabiert und hat sich bis heute in vielen Bereichen nicht erholt. Die Sicherheiten von Millionen Menschen weltweit waren dahin, ihr Leben wurde auf den Kopf gestellt, und die Verursacher:innen erhielten keinerlei Strafen.

Das Resultat waren – auch und besonders in den USA – Arbeitslosigkeit und eine Zunahme an prekären Jobs. An die Stelle fester, planbarer und regelmäßiger Arbeit traten Gelegenheitsaufträge und ständige Verfügbarkeit. Diesem Druck innerhalb des Erwerbsprozesses stand ein Druck von außerhalb gegenüber. Arbeitslosigkeit wurde immer stärker finanziell, sozial und moralisch sanktioniert. Menschen, die über kein Vermögen verfügen und von ihrer Arbeitskraft abhängig sind, werden seitdem zwischen diesen Mühlsteinen zerrieben.

Parallel dazu gab es auf der gesellschaftlichen Ebene eine immer stärkere Polarisierung von rechts. »Political Correctness« wurde zum verhassten Begriff, der alles »Böse« der Welt in sich vereinte: Feminismus, Antirassismus, LGBTQI*-Sichtbarkeit und so weiter. In dieser ökonomischen wie gesellschaftlichen Spaltung erlebte die extreme Rechte einen Aufschwung innerhalb und außerhalb der Parlamente.

Zeitversetzt kam dieser politische Drall nach rechts auch in konservativen Parteien an. In Ungarn wurde Viktor Orbán 2010 erneut Ministerpräsident und baute in den folgenden zehn Jahren das Land nach autokratischen Gesichtspunkten komplett um. Schon ein Jahr zuvor war in den USA mit der Tea-Party-Bewegung ein inner- wie außerparteiliches Machtzentrum entstanden. Ohne die Schneisen, die sie in die Republikanische Partei sowie in den polit-medialen Diskurs geschlagen hat, wäre Trumps Erfolg undenkbar.

Bis zum Wahlabend am 8. November 2016 hielten viele es für ausgeschlossen, dass Trump eine Rolle in der hohen Politik spielen könnte. Andere Stimmen, wie Michael Moore oder Sarah Kendizor, haben hingegen gewarnt, weil das Zusammenspiel aus ökonomischer Deprivation, rechtsextremem Kulturkampf und staatlicher Vertrauenskrise den Boden für einen Kandidaten bereitet hatte, der eben nicht mehr so war wie die davor.

Diese demonstrative und performative Abwendung von der »normalen Politik« hat in Österreich Sebastian Kurz vollzogen. Kurz stieg 2011 mit gerade einmal 24 Jahren vom Mitglied des Wiener Gemeinderats und Obmann der ÖVP-Jugendorganisation Junge Volkspartei (JVP) zum Mitglied der Bundesregierung auf. Bis 2013 war er Staatssekretär für Integration, dann Außenminister. Früh galt er als Zukunftshoffnung der ÖVP und möglicher Kanzlerkandidat, der auch in der Bevölkerung hohe Popularitätswerte verzeichnete.

Nach dem Rücktritt von ÖVP-Chef Reinhold Mitterlehner 2017 wurde Kurz zu dessen Nachfolger gewählt. In seinem 2019 erschienenen Buch *Haltung* spricht Mitterlehner von Intrigen, Mobbing und erfundenen Boulevard-Geschichten, die Kurz und seine Vertrauten lanciert hätten, um ihn loszuwerden, nachdem er es abgelehnt habe, als Sprengmeister der Großen Koalition zu agieren.[38] Der geleakte Plan zur Machtübernahme in Partei und Bundeskanzleramt, »Projekt Ballhausplatz«, zeigt klar, wie detailliert der Wechsel vorbereitet war. In diesem Dokument sind schon deutlich autokratische und antidemokratische Muster zu erkennen wie die Auffassung, man müsse die »Struktur der Partei bypassen« und es brauche »in der ersten Reihe ›Jünger‹« für Kurz. Auch inhaltlich legte man sich bereits fest: »FPÖ-Themen, aber mit Zukunftsfokus«.[39]

So groß die Unterschiede zwischen Kurz und Trump sein mögen – beide haben klar erkannt, dass in der Politik des 21. Jahrhunderts vor allem das Erzählte, die Geschichte und die damit verbundenen Gefühle wichtig sind. Es geht nicht mehr darum, ein detailliertes Programm auszuarbeiten und möglichst überzeugend zu vertreten. Es geht darum, ein neues Gefühl der Sicherheit zu vermitteln. In Zeiten der gesellschaftlichen und ökonomischen Verwerfungen ist das kein defensives und statisches, sondern ein aggressives und dynamisches Gefühl. Das Versprechen, dem ihm zugrunde liegenden Bedürfnis Geltung zu verschaffen, ist der ideologische Kern des radikalisierten Konservatismus.

2. Eine Analyse in sechs Schritten

Radikalisierter Konservatismus gibt vor, eine Position außerhalb des politischen Systems zu besetzen. Das ist ein Treppenwitz, da die betreffenden Parteien alt und staatstragend sind. Mit der Fokussierung auf die Führungsfigur geht eine weitreichende Umgestaltung der ganzen Partei einher. Diese fungiert nur mehr als Vehikel der Führungsfigur.

Radikalisierter Konservatismus übernimmt die Strategien und die Sprache des Rechtspopulismus bzw. des parteiförmigen und außerparlamentarischen modernen Rechtsextremismus. Er setzt dabei auf Polarisierung statt auf Konsens und möchte das bestehende politische System zu seinen Gunsten umgestalten.

Das Verhältnis zur medialen Öffentlichkeit ist geprägt von Spannung, Favoritismus und Härte. Dabei werden immer wieder strategisch und kalkuliert Regeln gebrochen. Die Vertreter:innen der Opposition sind nicht mehr nur Mitbewerber:innen oder eben politische Gegner:innen, sie werden zu Feind:innen, die ausgeschaltet werden müssen. Dabei werden sie mit außerparlamentarischen politischen Gegner:innen vermengt, um einen Kulturkampf zu führen.

Die Kulturkampflogik zieht sich durch jeden einzelnen Bereich. Es geht nicht mehr nur ums Klein-

Klein des politischen Tagesgeschäfts, sondern darum, eine grundsätzlich andere Version der Realität zu erschaffen und möglichst viele Menschen dorthin mitzunehmen.

2.1 Erschöpfende Zerstörung
Der bewusste Regelbruch

Im politischen Betrieb gibt es Regeln. Manche sind formeller Natur. Dazu zählen Geschäftsordnungen oder Projektpläne, aber vor allem Gesetze und die Verfassung. Sie geben den äußeren Rahmen vor, in dem sich Politik abspielt. Die informellen Regeln sind weniger leicht zu fassen. Sie sind irgendwo zwischen Anstand und Moral, Etikette und Gepflogenheiten angesiedelt und oft habituell bedingt.

Mit dem Kennen und Einhalten der informellen Regeln signalisiert man Zugehörigkeit. Das beginnt bei Höflichkeit und Benehmen und reicht über das Wissen um Abläufe oder einstudierte Rituale bis hin zu der Idee, dass man einander, bei aller Gegnerschaft, hinter den Kulissen freundlich und kollegial behandelt. Darin verbirgt sich das Eingeständnis, dass Politik immer auch ein wenig einen Als-ob-Aspekt hat. Also die Vorstellung, dass Streite und das Einnehmen von Gegenstandpunkten nicht zuletzt den unterschiedlichen Rollen von Opposition und Regierung geschuldet sind und man in der jeweiligen Rolle bei der Inszenierung mitspielt. Das funktioniert nur so lange, wie Konsens als erstrebenswert gilt. Die Akteur:innen des radikalisierten Konservatismus wollen aber den Bruch, letztlich auch den Bruch mit der Geschichte der eigenen Partei. Mit der atemberaubenden Geschwindigkeit der Regelbrüche werden sicher geglaubte Gewissheiten weggewischt, sodass schließlich keinerlei Unterscheidung mehr zwischen richtig und falsch, erwünschtem und unerwünschtem Verhalten möglich scheint.

Der bewusste Regelbruch hat drei Funktionen. Erstens gibt man sich damit den Anschein eines Neuanfangs, obwohl die eigene Partei eigentlich Symbol des konsensualen Normalzustands ist. Der Bruch signalisiert, dass man nicht Teil des Systems ist, nicht zum Establishment in Washington gehört bzw. kein selbstverständlicher Partner in einer lähmenden Großen Koalition mehr ist. Man hat sich von den Altlasten befreit, jetzt ist eine neue Zeit angebrochen. Zweitens bringen die Regelbrüche selbst natürlich Vorteile mit sich – sowohl direkte als auch indirekte, weil einem die (einkalkulierte) Entrüstung hilft. Denn drittens sind bestimmte Regelbrüche gut fürs Image. In der öffentlichen Wahrnehmung ist man lieber unangepasst als spießig. Nichts aber ist spießiger als Konservatismus. Durch die Regelbrüche umgibt man sich mit dem Nimbus des Revoluzzers, während den Kritiker:innen, die auf die Einhaltung von Regeln und Anstand pochen, nur die Spießerrolle bleibt. Selbst flagrante Gesetzesbrüche werden von den Fans als Zeichen der Entschlossenheit gefeiert (siehe Kapitel 2.6).

Bruch der formellen Regeln

Den äußeren formellen Rahmen des parteipolitischen Handelns bilden Beschlüsse, Geschäftsordnungen und Gesetze. Sie geben genaue Anleitung, was wie und von wem zu tun ist, legen aber auch fest, was erlaubt ist und was nicht. Das gilt auch jenseits der hohen Politik – jeder Gartenverein und jeder Tennisclub muss sich an seine Satzung halten. Die Regelungen betreffen nicht zuletzt finanzielle Angelegenheiten. Einnahmen und Ausgaben müssen offengelegt, die verfügbaren Mittel dürfen nicht falsch verwendet werden.

Die Vertreter:innen des radikalisierten Konservatismus setzen sich, offen oder verdeckt, auch über diesen formalen Rahmen hinweg. Sebastian Kurz und die ÖVP haben etwa bei ihrem erfolgreichen Wahlkampf 2017 das gesetzlich vorgegebene Wahlkampfbudget massiv, um fast die Hälfte, überschritten: Statt der erlaubten 7 Millionen gab die Partei fast 13 Millionen Euro aus. Das brachte ihr einen enormen Wettbewerbsvorteil. Bei den Wahlen konnte sie ein sattes Plus von 7,48 Prozentpunkten verzeichnen. Mit 31,47 Prozent der Stimmen wurde sie mit Abstand stärkste Partei und Sebastian Kurz Kanzler.

Aufgrund dieses Stimmengewinns erhielt die ÖVP in der nächsten Legislaturperiode eine höhere Parteienförderung. Zwar musste sie Anfang 2020 wegen der Budgetüberschreitung eine Strafe von 800000 Euro zahlen,[40] aber unterm Strich hat sich der Verstoß sogar rein finanziell gelohnt. Wie viel an ihrem Wahlerfolg dem Mehr an Ressourcen geschuldet war, lässt sich natürlich nicht seriös sagen. Fakt ist, dass die ÖVP die Regeln strategisch und zum eigenen Vorteil gebrochen hat. Die Konsequenz, die viele Monate später folgte, fiel finanziell nicht ins Gewicht und bedeutete gerade mit dem größeren zeitlichen Abstand keinen politischen Schaden mehr.

Auch Trump setzte sich immer wieder – vom Anfang bis in die letzten Tage seiner Amtszeit – über die formellen Regeln hinweg. Noch am 2. Januar 2021 versuchte er, Georgias Secretary of State Brad Raffensperger zu überreden, 11 780 Stimmen »zu finden«, die ihm fehlten, um diesen Staat für sich zu gewinnen.[41] Im Februar 2021 wurden Ermittlungen wegen des Verdachts auf Wahlmanipulation aufgenommen.[42] Noch (Stand Juli 2021) ist allerdings unklar, ob es tatsächlich zu einer Anklage oder gar einer Verurteilung kommen wird.

Bereits vor Trumps Vereidigung gab es Vorwürfe, Russland habe zu seinen Gunsten in die Wahl eingegriffen. Und im September 2019 berichtete ein Whistleblower, dass Trump in einem Telefongespräch mit dem ukrainischen Präsidenten Wolodymyr Selenskyj die Auszahlung von (längst vom Kongress bewilligten) Militärhilfen davon abhängig gemacht hatte, dass in der Ukraine eine juristische Untersuchung gegen Hunter Biden, den Sohn seines Rivalen Joe Biden, eingeleitet würde.[43] Dieser gleich in mehrfacher Hinsicht gesetzeswidrige Vorgang war dann die Basis für das erste Amtsenthebungsverfahren.

Bruch der informellen Regeln

Verglichen mit Vergehen wie Machtmissbrauch oder Behinderung des Kongresses mag der Bruch informeller Regeln harmlos, ja banal erscheinen. Aber er kann tiefgreifende, nachhaltige Wirkungen haben. Zum einen geht dadurch die Evidenz verloren, dass es Regeln gibt, an die sich einfach alle halten. Zum anderen werden die handelnden Personen in der täglichen Auseinandersetzung dadurch unberechenbar. Medien, aber auch politische Gegner:innen sind es gewohnt, dass für eine bestimmte Situation ein gewisses Handlungsspektrum existiert. Dazu zählen so banale Dinge wie sich für einen Fehler zu entschuldigen oder recherchierte Fakten anzuerkennen. Vor allem die Führungspersonen des radikalisierten Konservatismus stellen sich aber außerhalb solcher Normen. Der Regelbruch ist Teil der Inszenierung und wird als Grenzüberschreitung zelebriert.

Bei Donald Trump zeigte sich das vor allem an der Art, wie er redete oder Twitter für wüste Beschimpfungen und haltlose Tiraden nutzte. Sie entsprach in keiner Weise den Erwartungen an einen professionellen Politiker. Sobald Trump sich vor ein Mikro stellte oder ein Podium betrat, war mit einer Grenzüberschreitung zu rechnen. Etwa, als er sich bei einer Wahlkampfveranstaltung zum Gaudium seiner Fans über einen Journalisten mit Behinderung mokierte und ihn nachäffte.[44] Man könnte auch fast jeden seiner Tweets anführen. Sein ganzer Twitter-Auftritt sprengte die Grenzen dessen, was als präsidial galt. Die Politikwissenschaftler Steven Levitsky und Daniel Ziblatt haben ihn als »serial norm breaker« bezeichnet.[45]

Von Anfang an kokettierte Trump mit seiner Unkonventionalität: »Ich kann präsidial sein«, erklärte er auf einer seiner Wahlkampf-Rallyes, »aber wenn ich präsidial wäre, hätte ich nur – wären nur etwa 20 Prozent von euch hier, weil das todlangweilig wäre.«[46] Damit gab er zugleich zu verstehen, dass er sehr wohl in der Lage wäre, sich den Regeln entsprechend zu verhalten. Wer allerdings geglaubt hatte, nach seinem Amtsantritt würde Trump das unter Beweis stellen, sah sich bald getäuscht (siehe Kapitel 2.5). Seine Tiraden prägten die Medienlandschaft der USA für ein halbes Jahrzehnt.

Die Bedeutung von Trumps Statements lag nicht nur in ihrem jeweiligen Inhalt (der sehr oft einfach falsch war), sondern in dem permanenten Bruch der ungeschriebenen Regeln. So konnte sich ein Politiker, geschweige denn der Präsident, doch nicht äußern. Aber er tat es einfach. Ungeachtet aller Vorstellungen von Professionalität, korrektem Verhalten oder auch nur faktischer Richtigkeit. Diese Regelbrüche riefen bei den eigenen Fans Enthusiasmus und bei den Gegner:innen Entsetzen hervor. In jedem Fall wurde er so zum Mittelpunkt des Mediengeschehens – Ezra Klein bemerkte richtig, dass Trump wie kein anderer Politiker die Bedeutung von *newsworthiness* verstanden hat.[47]

Sebastian Kurz ist eine ganz andere Persönlichkeit als Donald Trump. Im Gegensatz zu diesem wirkt er kalkuliert, glatt und unnahbar. Während Trump in seiner Impulsivität dem Joker ähnelt – mit dieser Analogie machte die renommierte *Newsweek* die Unterschiede zwischen beiden plastisch –, entspricht Kurz in seiner kalten Berechnung eher dem Typus Patrick Bateman, also dem zynischen Investmentbanker aus Bret Easton Ellis' Roman *American Psycho*.[48]

Entsprechend unterschiedlich ist auch ihre Art zu sprechen. Trump fabuliert gern lange und scheinbar zusammenhangslos vor sich hin und springt dabei, gern mitten im Satz, von einem Thema zum anderen. Dass er auf diese Weise kein nachvollziehbares Argument entwickeln kann, ist kein Nachteil. Allerdings entfaltet eine solche Rede ihre Wirkung nur als Performance – es ist Entertainment. So wie Stand-up-Comedy oder Late-Night-Talkshows funktionieren Trumps Reden über assoziative Sprünge. Die Bilder ergeben sich dabei oft aus Anekdoten, etwa, wenn er plötzlich über seinen Onkel spricht, während es eigentlich um den Nuklear-Deal mit dem Iran geht.[49] Die meisten Menschen können mit einem abstrakten Thema wie diesem nichts anfangen, eine Geschichte über einen Onkel ist da emotional schon näher.

Kurz' Sprache funktioniert hingegen über Härte und Klarheit. Er verfügt über eine hohe Kommunikationsdisziplin, wichtig ist die sogenannte Message Control. Das bedeutet, dass er dieselben Sätze, Formulierungen und Buzzwords ständig wiederholt, egal, wie die Frage lautet. Ihm und Trump ist gemein, dass sie eine absolute und megalomanische Sprache verwenden, die vor Superlativen nur so strotzt. So attestierten sich sowohl Trump als auch Kurz, die Corona-Krise besser bewältigt zu haben als die Regierungen anderer Länder. Während Trump ausschweifend erklärte, »wir testen mehr, viel mehr, vielfach mehr«,[50] bezeichnete Kurz Österreich knapp als »Testweltmeister«.[51]

Die Brüche der informellen Regeln erfolgen bei Kurz nicht wie bei Trump impulsiv und im Überschwang; Kurz ignoriert sie einfach. Ein Beispiel ist hier sein kommentarloses Fernbleiben bei der offiziellen Feier zur Befreiung des ehemaligen Konzentrationslagers Mauthausen im Mai 2021.[52] Das war nicht nur ein Affront für die Veranstalter:innen, das Mauthausenkomitee, sondern auch für alle geladenen Gäste, etwa die letzten Überlebenden, die Opferverbände und die Botschafter:innen der Alliierten Mächte, Deutschlands und Israels. Der ÖVP-Abgeordnete Martin Engelberg ließ am Tag darauf verlauten, die Gedenkveranstaltung werde »parteipolitisch missbraucht«.[53]

Es gibt keinen unsichtbaren Schiedsrichter

Die Gegner:innen der radikalisierten Konservativen appellieren gerne an Moral, Anstand oder geteilte Werte. Allerdings existieren diese nur, solange alle Beteiligten sie anerkennen. Einen unsichtbaren Schiedsrichter, der aus den Wolken herabsteigt und für die Übertretung ungeschriebener Regeln gelbe oder rote Karten verteilt, gibt es nicht.

Nathan J. Robinson, der Chefredakteur des Magazins *Current Affairs*, hat diese Vorstellung in einem bemerkenswerten Artikel entmystifiziert. Er beschreibt darin, wie Trumps Gegner:innen immer und immer wieder glaubten, dass das Aufzeigen seiner Übertretungen genüge – es reiche aus, sie gewissenhaft zu dokumentieren und einer breiten Öffentlichkeit vor Augen zu führen; Transparenz und Investigativjournalismus würden Trump besiegen; wenn einmal klar sei, dass es diese Übertretungen gebe, müsse ja etwas passieren. Aber dem ist nicht so. Lügen, Anstandsverletzungen bleiben ohne Konsequenz. Sich stets aufs Neue darüber aufzuregen, mag dem eigenen Moralempfinden schmeicheln, politisch aber kommt man damit, wie Robinson schreibt, nicht weiter. Er erinnert an eine Wahlkampfdebatte, in der Trump wiederholt die Bitte des Moderators ignorierte, die ausgemachten Regeln zu befolgen. Trump hatte begriffen: »Niemand würde ihn von der Bühne zerren, wenn er sich darüber hinwegsetzte, also setzte er sich darüber hinweg. Man kann sagen, das sei soziopathisches Verhalten, und das stimmt. Aber man kann soziopathisches Verhalten nicht stoppen, indem man auf das Unrecht verweist, das damit verbunden ist. Die besseren Argumente oder die moralische Überlegenheit zu besitzen nützt einem nichts, wenn man einem Erschießungskommando gegenübersteht.«[54]

Diese Beobachtung ist eine direkte Bezugnahme auf Michelle Obamas »When they go low, we go high«, mit dem sie den Ton des Präsidentschaftswahlkampfs von Hillary Clinton 2016 gesetzt hatte. Der Satz basiert auf dem Glauben, dass man schon gewonnen hat, wenn man nur auf der moralisch richtigen Seite steht. Weil man sich, im Gegensatz zu Trump, nicht die Hände schmutzig macht.

Ähnlich glauben Kurz' Gegner:innen, es reiche aus, dem Kanzler Herzlosigkeit vorzuwerfen, etwa als er sich strikt weigerte, Kindern aus dem Flüchtlingslager Moria/Kara Tepe auf der griechischen Insel Lesbos zu helfen. Kurz sagt einfach Nein, gleichgültig wie vermeintlich groß der moralische Druck ist. So sprach auch der Koalitionspartner davon, dass man im Hintergrund mit der ÖVP verhandeln wolle.[55] Dieser Strategie blieben die Grünen im weiteren Verlauf des Konflikts treu.[56]

Bei solchen Einlassungen schwingt immer die Idee mit, dass die ÖVP und Kurz nicht wüssten, was sie tun. Dass es lediglich eine linksliberale Erklärung der richtigen Fakten und Moral brauche, damit die ÖVP das verstünde. Diese Sicht der Dinge beruht auf der Vorstellung, dass es ein politisches Spielfeld gibt, auf dem sich alle an die Regeln halten: Auf dem »Marktplatz der Ideen« stehen die verschiedenen Ideologien und Vorschläge in einem fairen Wettstreit miteinander, und wer sich durchsetzt, wird von dem/der Verlierer:in beglückwünscht. Ein naiver Fehlschluss. Wie Trump weiß auch Kurz, dass es keinerlei Konsequenzen hat, wenn man nicht »das Richtige« tut, Appelle an Anstand und Ehre verhallen. Im Gegenteil: Ihr Erfolg beruht genau darauf, dass sie nicht tun, was man tun »sollte«, und so die ganze politische Landkarte verändern. Es gibt keinen gemeinsamen Wahrnehmungsraum mehr, auf den man sich berufen kann.

Radikalisierter Konservatismus lässt sich nicht durch den Verweis auf informelle Regeln einhegen. Eine Lüge ist eine Lüge, aber eine Lüge, die ohne Konsequenzen wiederholt wird, wird zur Wahrheit. So ändert sich das Spielfeld. Und darauf kann der radikalisierte Konservatismus immer nur gewinnen. Weil er es versteht, die Öffentlichkeit in seinem Sinne (neu) zu ordnen.

2.2 Polarisierung »Wir« und »die Anderen«

Die staatstragenden Parteien einer gedachten Mitte hatten immer das Ziel, die Gesellschaft mit der in ihr gültigen Ordnung zu bewahren. Es war eine im Wortsinn konservative Haltung. Darum geht es im radikalisierten Konservatismus nicht mehr. Vielmehr werden Löcher in die aktuelle Gesellschaft gerissen oder bestehende Differenzen vergrößert. Es soll Unordnung und Chaos entstehen, das man später neu ordnen kann. Polarisierung ist für den radikalisierten Konservatismus der (auf Dauer gestellte) Normalzustand, während die links-liberalen Kräfte weiterhin auf Vermittlung und Ausgleich setzen. Die Möglichkeit dazu wird jedoch durch das Agieren des radikalisierten Konservatismus zerstört.

Polarisierung heißt nichts anderes als eine Gruppe gegen andere zu stellen. Dabei tritt der radikalisierte Konservatismus mit dem Anspruch auf, im Namen einer vermeintlich schweigenden Mehrheit zu handeln, für die er jetzt endlich die ihr zustehende politische Macht reklamiert. Diese Frontstellung sorgt dafür, dass Gruppen, die nicht als zugehörig gelten, ausgeschlossen werden. Sie sind nicht mehr Teil einer zukünftigen Gesellschaft.

In der extremen Rechten nimmt dieser Gedanke die Logik eines Kulturkampfs an. Dahinter steht die Vorstellung, dass Gesellschaft als Krieg zwischen verschiedenen kulturellen (oder auch völkisch definierten) Gruppen zu begreifen sei. Im Krieg gibt es nur Gewinner und Verlierer; gewinnen kann man ihn nur, indem man die Feinde besiegt, nicht, indem man Kompromisse schließt; er wird auf dem Schlachtfeld ausgetragen, nicht im Parlament. Dementsprechend sind Parteien nicht mehr nur politische Vereinigungen, die das politische Tagesgeschäft bestreiten, sondern sie kämpfen für eine grundsätzlich andere Ordnung.

Dieser Kulturkampf basiert auf einem streng dichotomen und manichäischen Weltbild. Die Welt ist ein Kampf von Gut gegen Böse: »Wir« gegen »die Anderen«. Dabei erfolgt eine moralische Aufladung in das gute »Wir« und die bösen »Anderen«, die Legitimität verleiht – ein Kampf um Ressourcen oder Macht ist schwerer zu legitimieren als ein Kampf gegen das Böse, von dem eine permanente Bedrohung für das gute »Wir« ausgeht.

In einer faschistischen und nationalsozialistischen Ideologie sind gut und böse klar völkisch definiert und werden biologistisch begründet. Juden und Jüdinnen werden als verschwörerisches Kollektiv gesehen. Sie wollen Böses einfach um des Bösen willen, aufgrund der ihnen zugeschriebenen Natur. Ein solches Denken ist nicht nur die Basis des Antisemitismus, sondern jeder Verschwörungsideologie. Das dahinterstehende Weltbild ist leicht zu erfassen, steckt es doch in vielen Märchen und Volkserzählungen: Die Hexe ist böse – einfach so. Modernere Kinderbücher kommen freilich mittlerweile ohne diese Zuschreibungen aus und präsentieren differenziertere und weniger auf angstvolle Überwältigung ausgelegte Erzählungen.

Die neoliberale Spielart eines manichäischen Weltbilds ist die Einteilung in die Fleißigen und die Faulen. Die Faulen sind aber nicht aus bestimmten, vielleicht sogar nachvollziehbaren Gründen (Burnout, Depression, körperliche Einschränkungen) »faul«, sie sind faul aus Niedertracht oder Charakterschwäche. Welche Strategien angewendet werden, um sie dafür auch moralisch zu desavouieren, ja zu dämonisieren, hat Owen Jones in seinem brillanten Buch *Chavs. The Demonization of the Working Class* (dt.: *Prolls. Die Dämonisierung der Arbeiterklasse*) nachgezeichnet.

Das ist kein neues Phänomen. Beispiele für diese Denkweise finden sich zuhauf. So sprach Boris Johnson 2005 (damals bereits Parlamentarier) in einem Artikel für den *Daily Telegraph* davon, dass die »untersten« zwanzig Prozent der Gesellschaft – die in heruntergekommenen Siedlungen lebten und nur deshalb Labour wählten, weil sie sich davon »größere Almosen« versprächen – »uns mit den Prolls versorgen, den Losern, Einbrechern, Drogensüchtigen und den 70 000 Insassen unserer Gefängnisse, wo sie nur lernen, wie man noch erfolgreicher Verbrechen begeht«.[57] In das gleiche Horn stieß Sebastian Kurz, als er behauptete, in manchen Familien in Wien würden nur noch die Kinder in der Früh aufstehen, um in die Schule zu gehen.[58]

Im radikalisierten Konservatismus verschmelzen die Feindbilder der traditionellen extremen Rechten mit jenen des Neoliberalismus. Es wird kein hartes völkisches Weltbild propagiert, sondern Ethnie, Migrationshintergrund, völkisches und kulturelles »Anderssein« mit Klasse verknüpft. Das Wichtigste ist die Betonung der Differenz. Entlang dieser Linie werden Gesellschaften polarisiert.

»Sing along with the common people«

Wie eine solche Kombination aussehen kann, zeigt Donald Trump. Nachdem die republikanische Partei über Jahrzehnte den neokonservativen Weg gegangen war, versuchte Trump mit seinem damaligen Berater Steve Bannon, ihr geradezu das Image einer Arbeiterpartei zu verpassen[59] und die *working class* für sich zu gewinnen. Dafür übernahm er dreist die Sprache linker Politiker:innen wie Bernie Sanders oder Elizabeth Warren, die für sich in Anspruch nehmen, die multiethnische

Arbeiter:innenklasse zu vertreten. Mit inszeniertem proletarischem Habitus (und zugleich im Gestus des versierten Geschäftsmanns, der sich nicht scheut, harte und schmerzhafte Wahrheiten auszusprechen) setzte Trump dagegen einen ökonomischen Nationalismus, der angeblich die Interessen einer nationalen Arbeiter:innenklasse mit denen nationaler Kapitalfraktionen verbinde – sowohl gegen »globalistisches« Kapital als auch gegen migrantische Billigarbeitskräfte, die es auf »unsere« Jobs abgesehen haben. Dabei evozierte er eine angeblich verloren gegangene, durch Werte wie Stolz, Fleiß und Ehre gekennzeichnete Arbeiter:innenkultur der Vergangenheit, die es wiederherzustellen und mit einem nationalen Wiederaufstieg zu verknüpfen gelte (»Make America Great Again!«). Trump verpasste sich selbst eine Pro-*working-class*-Attitüde und modelte das Bild der Arbeiter:innenklasse in seinem Sinne um: Ganz gleich, in welche Vergangenheit man sich zurück träumte, die Vormachtstellung der weißen Bevölkerungsmehrheit war darin unangefochten. Von diesem »Wir« – den »hard working people« – grenzte Trump wiederum linke, urbane Eliten, Muslime und vor allem die »thugs« ab,[60] ein Code für schwarze Männer, die als gewaltbereit dargestellt werden.[61]

Trump hantierte mit anderen Begriffen, meinte aber im Endeffekt dasselbe wie Kurz, wenn dieser eine

Unterscheidung zwischen fleißig und faul vornimmt. Auch Kurz' Leute, die nicht aufstehen, sind verortet, nämlich in der multikulturellen Hauptstadt Wien, und damit auch implizit ethnisch geprägt.

Schon zu Beginn seiner Amtszeit als ÖVP-Vorsitzender, als er noch Außen- und Integrationsminister in einer Koalition mit der SPÖ war, hatte Kurz die Polemik der FPÖ gegen Ausländer:innen, die in Wien die Mehrheit der Sozialhilfebezieher:innen ausmachen würden, übernommen und gab an, die »Zuwanderung in das Sozialsystem« beenden zu wollen.[62] Selbst wenn er es nicht mehr explizit anspricht, sind durch vorangegangene rhetorische Weichenstellungen die Implikationen klar: Die Menschen, die nicht aufstehen und auf »unsere« Kosten leben, das sind vor allem »Ausländer«.

Bei Trump sind die »thugs« jene, die von Lebensmittelmarken leben, Gewalt bringen und die Innenstädte bei Protesten zerstören. Die »chavs« der Tories sind dahinvegetierende brutale Menschen, die schlechte Entscheidungen treffen und kaum als gleichberechtigte Mitbürger:innen anzusehen sind. Die Feindbilder lassen sich beliebig ergänzen und priorisieren. Ob Muslime, Schwarze, Latinos, Antifaschist:innen, Trans*personen, Feminist:innen oder andere Gruppen – ihnen allen wird eine zugleich gefährliche und minderwertige Andersartigkeit zugeschrieben. Damit diese disparaten Gruppen zu einer bedrohlichen

Masse verschmelzen, sind Verschwörungserzählungen notwendig.

Polarisierung mithilfe mehrerer Feindbilder

Zu den »Anderen« kommen nämlich noch bösartige Mächte, die sich gegen »uns« stellen und die »Anderen« systematisch bevorzugen. Das ist in dieser Erzählung ein kleines, aber lautes und unglaublich mächtiges globales Netzwerk einer politischen Linken, die mit Political Correctness und *cancel culture* angeblich diejenigen terrorisiert, die zum guten »Wir« gehören. Ihre Protagonisten sind in Politik, Medien und anderen intellektuellen Berufen zu finden und bilden allein dadurch einen Gegensatz zu »uns« Fleißigen, die »echte« Arbeit erbringen.

Hier spielen viele weitere Konfliktlinien hinein, etwa der Gegensatz von Stadt und Land, der in Österreich nicht weniger ausgeprägt ist als in den USA. Die ÖVP hat eine lange Geschichte des Antiurbanismus: Das sozialdemokratisch regierte »rote Wien« der Zwischenkriegszeit mit seinen zahlreichen radikalen Sozialreformen steht und stand stellvertretend für alle abzulehnenden Werte, Entwicklungen und Feindbilder. Dem wurde ein (verkitschtes) Bild einer ehrlich und natürlich gebliebenen Landbevölkerung entgegengesetzt. Im Wahlkampf 2019 etwa betonte Kurz gern, dass er seine Jugend großenteils im ländlichen Zogelsdorf bei seiner Oma verbracht habe,[63] und der aus Oberösterreich stammende ÖVP-Klubobmann August Wöginger brachte das konservative Bild von der Stadt als gefährlichem Hort des Linksliberalismus auf den Punkt: »Es kann ja nicht sein, dass unsere Kinder nach Wean fahren und als Grüne zurückkommen. Wer in unserem Hause schläft und isst, hat auch die Volkspartei zu wählen.«[64]

Diese Haltung zeigt sich auch bei der Pseudo-Gleichbehandlung der Bedürfnisse der Stadt- und Landbevölkerung in der Pandemie. So rechtfertigte Tourismusministerin Elisabeth Köstinger (ÖVP) die Entscheidung der Regierung, mitten in der zweiten Pandemie-Welle im Dezember 2020 die Skigondeln aufzusperren, mit dem Hinweis, man könne schließlich auch in Wien mit der U-Bahn an den Stadtrand ins Grüne fahren: »Es gibt bei den Seilbahnen, den Gondeln keinen Unterschied zu den anderen Transportmitteln, also ich verstehe manchmal, ehrlich gesagt, nicht, warum das so differenziert gesehen wird.«[65] Das ist insofern pikant, als dieselbe Ministerin in der ersten Pandemie-Welle in Wien die vom Bund verwalteten Parks (!) zusperren ließ und ein Narrativ der undisziplinierten Wiener:innen bediente.[66] U-Bahnen bieten freilich keine Vergnügungsfahrten, sondern bringen Menschen zur Arbeit (nicht zuletzt die Beschäftigten der 36 Wiener Krankenhäuser). Sie sind ein Massentransportmittel und in einer Pandemie notwendiges Übel, Skigondeln hingegen ein reines Vergnügungsmittel, das keinem übergeordneten Zweck dient.

Eine überdrehte Gesellschaft

Eine solche Polarisierungsstrategie zielt vor allem auf linke und liberale Kräfte, die durch ständige Provokationen in einen Zustand der permanenten Aufregung versetzt werden. Jeder noch so kleine Anlass wird für Polarisierung genutzt. Es gibt kein Maß mehr, anhand dessen verschiedene Ereignisse differenziert einzuordnen wären. Differenzierung selbst wird als unnötige Verkomplizierung präsentiert, umgekehrt gehört Entdifferenzierung, so wie Köstinger sie in dem erwähnten Beispiel betreibt, zu den zentralen sprachlichen Strategien des radikalisierten Konservatismus. Nuancen, Dialektik, Zweifel werden nicht zugelassen, Einwände nicht einmal als diskutabel erachtet. Dinge, die weitreichenden Einfluss auf viele Menschen haben, werden heruntergespielt, lokale Ereignisse zu Weltereignissen aufgebauscht. Dieses Spiel dient dazu, die Prioritäten im öffentlichen Diskurs zu verschieben.

Diese Einzelfall- und Anekdotenstrategie wird besonders dann genutzt, wenn die Regierung, die Partei oder die Führungsfigur in Bedrängnis gerät, und gehört zum Kern der medialen Inszenierung (siehe Kapitel 2.5). Wichtig ist, dass bestimmte Themen aus dem öffentlichen Diskurs hinausgedrängt, andere dagegen präsent gehalten werden. Als die österreichische Bundesregierung Anfang Dezember 2020 Lockerungen, aber auch neue Einreisebeschränkungen verkündete, begründete Kurz dies damit, dass ein großer Teil der Infektionen aus dem Ausland nach Österreich hereingetragen worden sei: »Wenn wir in den Sommer zurückblicken, dann wissen wir, dass wir ein Drittel unserer Neuinfektionen […] aus dem Ausland eingeschleppt haben. […] Es war ein wesentlicher Beitrag dazu, dass die Infektionen ab September kontinuierlich gestiegen sind.«[67] Kurz nutzte also wieder mal eine rassistische Provokation, um davon abzulenken, dass die Regierung im Herbst bei der Bekämpfung der Pandemie versagt hatte.

Ähnlich wie die extreme Rechte bemühen sich radikalisierte Konservative, die gesellschaftliche Stimmung immer mehr auf Anschlag zu drehen. Dieses negative Führen der Massen hat Gustave Le Bon schon 1895 in seinem Werk *Psychologie des foules (Psychologie der Massen)* beschrieben. Das Übertreiben und Überziehen bleibt dabei völlig ungeahndet. Denn die Opposition oder die verhasste Linke und die Zivilgesellschaft finden sich in eine Ecke gedrängt: Sie wurden schon zuvor als Gegner:innen markiert; dass sie sich ein ums andere Mal aufregen, bestätigt immer nur aufs Neue ihre Feindschaft. Trump und Kurz haben das Spiel mit dieser (oft richtigen und notwendigen) Aufregung perfektioniert, sie schadet ihnen nicht. Dabei entsteht eine aufgekratzte Gesellschaft, die nur noch durch maximale Entzweiung und größtmögliche Klarheit zwischen »uns« und den »Anderen« bestimmt wird: »Wir«, die harte Wahrheiten aussprechen, sind die Opfer; die »Anderen« wollen mit ihren ständigen Angriffen nur von den wahren Problemen ablenken. Unbeteiligte kann es dabei nicht geben. Jede:r muss sich für eines der beiden Lager entscheiden. Graustufen, Differenzierung, Nuancierung haben in so einem Klima keinen Platz.

Der radikalisierte Konservatismus hat den Umgang mit Gegner:innen direkt aus dem Playbook des traditionellen Rechtsextremismus übernommen. Die Opposition, kritische Medien, Kulturschaffende und außerparlamentarische Gruppen – sie alle werden als zugehörig zu ein und derselben politischen Macht dargestellt. Bei Kurz ist es die Sozialdemokratie. Im Falle von Trump war das der ominöse *deep state* oder der vage angedeutete »Sumpf« in Washington, D. C., den Trump »auszutrocknen« versprochen hatte (»Drain the Swamp!«). Das ist letztendlich verschwörungsideologisches Denken: Man ist nicht Teil einer politischen Auseinandersetzung, in der es gilt, zwischen vielfältigen Interessen zu vermitteln, sondern wird von einem übermächtigen, unsichtbaren Feind in einen Krieg hineingezogen, der jener schweigenden Mehrheit gilt. Um diese Gefahr abzuwenden, ist jedes Mittel recht. Und da die eigentliche Aggression stets von den Feind:innen ausgeht, handelt man lediglich aus Selbstschutz oder Notwehr. Dies ist seit über hundert Jahren auch die Bedrohungslogik, auf die sich die extreme Rechte beruft und mit der sie ihre Politik der Gewalt legitimiert.

Der unmittelbare politische Feind – die Opposition

Passend zur Strategie der Polarisierung wird mit der parlamentarischen Opposition nicht die Zusammenarbeit oder auch nur ein Auskommen (mit den üblichen politischen Riten) gesucht, vielmehr gilt es, die politischen Gegner:innen zu zerstören. So genügte es Trump und seinem Team im Wahlkampf 2016 nicht zu gewinnen, der Sieg musste mit der kompletten Desavouierung des Gegenübers einhergehen. Die Mehrheiten stehen ohnehin schon fest und müssen lediglich bestätigt werden. Und falls kein Wahlsieg eingefahren wird, kann nur manipulierendes Eingreifen des Gegners die Ursache sein.

Die E-Mail-Affäre rund um die Kandidatin der

Demokraten, Hillary Clinton, kam für diese zum schlechtestmöglichen Zeitpunkt. Hier gab es ein reales Fehlverhalten: Clinton hatte in ihrer Zeit als Außenministerin auch offizielle E-Mails über einen privaten Server verschickt. Die ganze Affäre wurde im Wahlkampf 2016 von Bannon und Trump ins Groteske aufgeblasen, was letztlich mit wahlentscheidend war. Trump heizte die Stimmung weiter an, etwa durch überdrehte Vergleiche mit Watergate.[68]

Wird ein Feindbild lange genug aufgebaut, kann man ihm letztlich alles zuschreiben: Clinton geriet zur Projektionsfläche für alles Übel in der Welt (siehe Kapitel 2.6). Trump hat diesen Glaubwürdigkeitsverlust nicht alleine verursacht, aber maximal genutzt. Die E-Mail-Affäre war somit nicht nur das Ergebnis der Nachlässigkeit einer Politikerin, sondern wurde in Verschwörungserzählungen zum Sinnbild einer verkommenen politischen Elite, die sich den Staat zur Beute macht, mit beinahe feudalem Herrschaftsanspruch auftritt und dabei die geltenden Regeln ignoriert. Solchen Vorstellungen hat Trump Ausdruck verliehen und sie gnadenlos verstärkt und übertrieben – ausgerechnet er, der wie kein Präsident vor ihm einen autoritären Umgang mit seinem Amt, dem Staat und dessen Institutionen pflegte und sich geradezu als absolutistischen Herrscher sah. Ihren Ursprung aber haben jene Vorstellungen im politischen System der USA selbst, in dem Lobbygruppen, Konzerne und Firmen – ganz legal durch ihre Spendengelder – die politischen Entscheidungen maßgeblich bestimmen können, gleich ob Republikaner oder Demokraten an der Macht sind.

Weder Trump noch Kurz sind eine Anomalie, sondern Produkt des jeweiligen politischen Systems. In Österreich hat es über einen langen Zeitraum so funktioniert, dass sich SPÖ und ÖVP mal mehr, mal weniger sympathisch waren, aber einander nicht grundlegend weh taten. Kurz hingegen würde wohl eher einen Pakt mit dem Teufel schließen als eine Koalition mit der SPÖ. Es geht ihm dabei nicht nur darum, sie von den Machtzentren fernzuhalten (mit allen damit verbundenen materiellen und ideellen Verlusten), sondern sie nachhaltig zu beschädigen.

Die Silberstein-Affäre ist die Clinton-Mail-Affäre auf Österreichisch: In der Endphase des Nationalratswahlkampfs 2017 wurde der von der SPÖ engagierte israelische Berater Tal Silberstein als Urheber von Dirty-Campaigning-Seiten gegen Sebastian Kurz identifiziert.[69] Die genaue Involvierung und wer was wann gewusst hat, war und ist Streitpunkt zwischen den verschiedenen Parteien, die naturgemäß jeweils andere Auffassungen dazu vertreten.[70] Fest steht, dass auch dieser Skandal eine reale Grundlage hatte.

Genau wie Trump hat die ÖVP unter Kurz den Vorfall über die Maßen aufgebauscht. Am Ende stand gar nicht mehr der konkrete Skandal im Fokus, sondern

»Silberstein« war zum Synonym für eine verkommene, verdorbene und zerstörerische Sozialdemokratie geworden, der alles zuzutrauen sei. »Silberstein-Methoden« wurde in den Jahren darauf zum geflügelten Wort von ÖVP (und FPÖ), um sich selbst zum Opfer zu machen, wann immer sie in Bedrängnis kam. Als etwa das Ibiza-Video medial hohe Wellen schlug, verwies Kurz in der Rede, in der er die Koalition mit der FPÖ aufkündigte, scheinbar beiläufig darauf, dass ihn »die Methoden klarerweise [...] schon eindeutig an Tal Silberstein erinnern«.[71] Dabei ging es nur mehr darum, neben der im Zentrum des Skandals stehenden FPÖ auch die SPÖ in etwas hineinzuziehen, mit dem sie nichts zu tun hatte. Diese Chiffre-Funktion erhält dadurch eine besondere Brisanz, dass sie dezidiert mit einem jüdischen Namen operiert. Selbst das war für die ÖVP keine rote Linie. Der österreichisch-israelische Autor und Historiker Doron Rabinovici attestierte Kurz in diesem Zusammenhang ein »vollkommen unverantwortliches Spiel« mit antisemitischen Stereotypen.[72]

Das sind nur zwei Beispiele dafür, wie die Zerstörungsmethodik funktioniert. Statt den Gegner zu kritisieren, seine Fehler auszunutzen und zu skandalisieren, was selbstverständlich zum politischen Spiel gehört, soll der reale Skandal möglichst schnell in den Hintergrund treten und in die grundsätzliche Erzählung von Gut gegen Böse übergehen.

Dieses Prinzip wird selbst dann weitergeführt, wenn es um Leib und Leben geht: Im Oktober 2020 wurde bekannt, dass 13 rechtsextreme Milizen planten, Gretchen Whitmer zu entführen, die demokratische Gouverneurin von Michigan. Trumps Reaktion darauf waren nicht Worte des Zuspruchs oder zumindest Schweigen, vielmehr warf er Whitmer vor, sie habe »einen fürchterlichen Job gemacht«.[73] Es gibt keine Grenze, ab der es einfach einmal genug ist. Statt aufzuhören, wird eine prekäre Situation weiter angefacht.

Der außerparlamentarische Feind – die AntiFa und Migrant:innen

Neben dem konkreten Feind innerhalb des formalpolitischen Systems muss es auch einen diffusen Feind geben, der im vorpolitischen Raum agiert. Dieser Feind ist klar links verortet. Bei Trump rückte spätestens seit dem rechtsextremen Aufmarsch in Charlottesville »AntiFa« ins Visier. Die rechtsextremen Gewaltexzesse an jenem Tag relativierte Trump anschließend und sprach von Schuld »auf beiden Seiten«.[74] Der ehemalige Ku-Klux-Klan-Führer David Duke, der als Redner in Charlottesville aufgetreten war, bedankte sich anschließend bei ihm für die »Ehrlichkeit« und für den »Mut«, dass Trump »die Wahrheit über Charlottesville gesagt und die linken Terroristen der BLM/AntiFa verurteilt« habe.[75] Auch auf die massenhaften und wütenden Proteste nach der Ermordung des Schwarzen George Floyd durch einen Polizeibeamten im Frühling 2020 reagierte Trump mit dem Versuch, die Black-Lives-Matter-Bewegung zu diskreditieren, und kündigte abermals an, AntiFa als »Terrororganisation« einzustufen.[76] Dass dies formell gar nicht möglich war (und ist), weil »AntiFa« lediglich ein Label für eine breite Strömung antifaschistisch eingestellter Gruppierungen und Aktivist:innen darstellt, die weder über einheitliche Organisationsstrukturen noch über Sprecher:innen verfügt, die sich verteidigen könnten, spielte keine Rolle. Entscheidend war, ein düsteres Feindbild für die eigenen Fans aufzubauen.

»AntiFa« ist zugleich unspezifisch und präzise genug: unspezifisch genug, um ihr alle möglichen unliebsamen Einzelpersonen und Gruppierungen zuordnen zu können; präzise genug, um für die breite Masse der Trump-Anhänger:innen das Bild einer anonymen, marodierenden Horde zu evozieren. Unter diesem Label kann nun alles und jede:r eingeordnet und damit auch alles und jede:r kriminalisiert oder als Terrorist:in diffamiert werden.

Auch die Kurz-ÖVP bemüht die AntiFa und Linke immer wieder als Feindbild. Nachdem die Polizei Anfang Juni 2021 den Wiener Karlsplatz geräumt hatte, um eine Ansammlung feiernder junger Menschen aufzulösen, und es dabei zu gewaltsamen Auseinandersetzungen gekommen war, ließ Innenminister Karl Nehammer verlauten: »Darüber hinaus haben die gestrigen Angriffe auf die Polizistinnen und Polizisten gezeigt, dass Aktivistinnen und Aktivisten aus dem linksextremen Bereich als Drahtzieher dieser Attacken fungieren.«[77] Belege dafür brachte er keine.

Wenige Tage später sah die ÖVP erneut durch Linke Gefahr für das Land dräuen. Anlass war ein Vorschlag der SPÖ, das Staatsbürgerschaftsrecht an die Gesetze der europäischen Nachbarn anzugleichen und Einbürgerungen zu erleichtern. Nach mehreren deutlich ablehnenden Wortmeldungen seitens der ÖVP und FPÖ (die nahezu wortgleich die vermeintlich drohende Entwertung der Staatsbürgerschaft betonten), trieb ÖVP-Klubobmann Wöginger die Polarisierungslogik auf die Spitze: »Die Links-Parteien wollen mittels Masseneinbürgerungen die politischen Mehrheitsverhältnisse im Land ändern«, verkündete er in einer Pressemitteilung: »Den linken Parteien geht es in Wirklichkeit einzig und alleine darum, ein Ausländerwahlrecht durch die Hintertür einzuführen und mithilfe von über 500 000 Einbürgerungen eine potenziell neue Wählerschaft zu generieren, die ihnen in Folge eine parlamentarische Mehrheit sichern soll.«[78] Mit »Links-Parteien« meinte Wöginger nicht nur SPÖ und Grüne, sondern auch die liberalen NEOS.

Die neurechten Identitären verstanden sofort, dass Wöginger damit an die von ihnen popularisierte Verschwörungserzählung vom »Großen Austausch« anknüpfte. Dahinter steht die Vorstellung, dass die autochthone Bevölkerung Europas durch gezielte Einwanderung insbesondere aus islamisch geprägten Ländern ersetzt werden soll. In seinem Buch *Identitär! Geschichte eines Aufbruchs* zählt Martin Sellner, der Obmann der Identitären Bewegung Österreich, zu den vier Gruppen, die den »Großen Austausch« forcieren, auch »die Politiker der Einwanderungsparteien, die auf die Stimmen der Migranten hoffen. Statt die einheimischen Wähler zu überzeugen, die ihnen reihenweise davonlaufen, setzen sie auf die wachsenden Migrantenstimmen, die sie mit offenen Grenzen, Sozialleistungen und Kollaborationen mit der Islamisierung bestechen.«[79] Wenig verwunderlich lobte Sellner Wögingers Position im rechtsextremen Magazin *Info-Direkt*: »Jetzt kritisiert die ÖVP zurecht die Einbürgerungsforderungen der SPÖ. Wöginger entdeckt dabei die Gefahr der ethnischen Wahl, der demokratiezerstörende Nebeneffekt des Bevölkerungsaustauschs.«[80]

Dieses Anknüpfen an rechtsextreme Tropen ist für die ÖVP unter Kurz kein Einzelfall, wie ihr Kampf gegen den »politischen Islam« belegt. Nach dem Terroranschlag von Wien am 2. November 2020 wollte Kurz mit dramatischer Verve einen Straftatbestand »politischer Islam« einführen, ein Sondergesetz gegen Muslime, das diesen pauschal problematische Ansichten zuschreiben sollte.[81] Die Forderung lenkte auch von der Tatsache ab, dass der Terroranschlag mit bestehenden Rechtsmitteln hätte verhindert werden können, da ein massives Behördenversagen dem Terroristen überhaupt erst den Weg eröffnet hatte.[82] So war das Innenministerium von ausländischen und inländischen Geheimdiensten vor dem späteren Attentäter gewarnt worden, und es lagen konkrete Hinweise vor, etwa auf den (versuchten) Kauf von Munition für ein Sturmgewehr.[83] Übrig blieb aber ein diffuses und bedrohliches Bild eines »politischen Islams«, der mit dem herkömmlichen Mittel des Rechtsstaates nicht zu bändigen sei.

Das Geschilderte zeigt, wie diffuse Feindbilder aufgebaut werden, die über Reizwörter funktionieren. Sowohl bei »AntiFa« als auch bei »politischer Islam« entsteht ein Kopfkino voller Gefahrenbilder. Aus dieser Angstwelle bezieht der radikalisierte Konservatismus seine Kraft. Der Feind ist so schematisch, dass alles hineinprojiziert werden kann und die Gefahr nie gebannt ist. Immer, wenn man sie gerade braucht, lässt sie sich aktivieren. Jene, die dagegen argumentieren oder differenzieren wollen, machen sich automatisch zu den Apologet:innen, ja Verbündeten dieser diffusen Feinde. Es geht aber nur darum, das kommunikative Angstlevel hochzuhalten. Daher muss man auch tatsächlich bestehende Probleme nie real lösen, sondern hat immer ein fiktives Bedrohungsszenario zur Hand.

2.3 Die Führungsperson
Ich, Ich, Ich

In Zeiten der Polarisierung, in denen es nur noch Gut und Böse gibt, setzen auch radikalisiert konservative Parteien zunehmend auf die Macht ihrer Führungsfiguren, auf die alles projiziert wird, was das gute »Wir« auszeichnet. Das geht weit über die ohnehin stark personalisierte Logik der medialen Berichterstattung hinaus. Zugleich ist das ein bekanntes Muster der traditionellen extremen Rechten. Statt verschiedener Parteiflügel kämpfen dort Cliquen rund um eine Galionsfigur gegeneinander und putschen diese an die Macht. So hat die FPÖ seit 1986 kaum einen regulären Vorsitzwechsel auf Bundesebene vollzogen. 1986 hat Jörg Haider gegen Norbert Steeger geputscht, 2000 erfolgte ein nur halb freiwilliger Wechsel von Haider zu Susanne Riess-Passer, dem nationale und internationale Proteste sowie Sanktionen gegen die Beteiligung der FPÖ in der Koalition mit der ÖVP vorausgegangen waren. Auf dem Parteitag in Knittelfeld 2002 musste Riess-Passer den Vorsitz niederlegen. Zwischen 2002 und 2005 – nach der Abspaltung des Bündnisses Zukunft Österreich (BZÖ) unter Haider – versuchte sich eine Reihe von Kurzzeit-Parteichefs, bis 2005 Heinz-Christian Strache Parteichef wurde und es für beinahe 15 Jahre blieb. Erst 2019, im Zuge des Ibiza-Skandals, löste Norbert Hofer ihn ab, der wiederum im Mai 2021, nach wochenlangen öffentlichen Auseinandersetzungen mit Klubobmann und Ex-Innenminister Herbert Kickl, zurücktrat, woraufhin dieser übernahm.

Eine Partei, die strikt auf eine Führungsperson ausgerichtet ist, dient dieser, nicht umgekehrt. Ein solches Muster zieht sich durch die extreme Rechte und unterscheidet sie von den konservativen Nachkriegsparteien, die sich durch Berechenbarkeit über Vorsitzwechsel hinaus auszeichne(te)n. Das heißt nicht, dass einzelne Vorsitzende nicht unterschiedliche Ansätze oder Schwerpunkte gehabt hätten, jedoch verstanden sie sich in erster Linie als »Diener« ihrer Partei.

Rechtsextreme Parteien der Nachkriegszeit behielten das »Führerprinzip« des Faschismus und Nationalsozialismus bei, auch wenn sie keinerlei realistische Option hatten, an die Macht zu kommen.[84] Letzteres gilt für radikalisierte konservative Parteien nicht: Sie richten sich nach einer Führungsperson aus, während sie diese Macht innehaben bzw. eine realistische Chance besitzen, sie wieder zu erringen. Um zu verstehen, welche politischen Konsequenzen das hat, lohnt es, sich die einzelnen Stadien der Entdemokratisierung der Parteistrukturen anzusehen.

Als Trump am 3. September 2015 seine Loyalitätserklärung gegenüber der Republikanischen Partei unterzeichnete, mit der er versicherte, im Falle einer Niederlage in den Vorwahlen nicht als Unabhängiger anzutreten, war die Mehrheit innerhalb der Partei gegen ihn;[85] im April 2016 war dieser Anteil auf 38 Prozent gesunken.[86] Bei der ersten Vorwahl im Februar 2016 hatte Trump als einziger der 16 Kandidaten keinerlei öffentliche Unterstützung von Gouverneur:innen, Senator:innen oder Kongress-Abgeordneten vorzuweisen.[87] Selbst nach seiner Siegesserie in den folgenden *primaries* landete Trump, was *endorsements* aus der Partei betraf, nur auf dem dritten Platz – wie sich zeigte, zählte die Unterstützung rechter Medien(-Persönlichkeiten) mehr, und er eroberte schließlich die Kandidatur.[88]

Ab März 2016 gingen Repräsentanten des Partei-Establishments wie Mitt Romney, John McCain und Lindsey Graham im Verbund mit einflussreichen konservativen Organen mit der #NeverTrump-Kampagne in die Offensive. Das blieb allerdings bloßer Aktionismus.[89] Statt die autoritäre Bedrohung anzuerkennen, die von Trump bereits 2016 offenkundig ausging, und ihm die Unterstützung zu verweigern, akzeptierten Parteigranden wie Ted Cruz, Marco Rubio, Mitch McConnell und Paul Ryan schließlich Trumps Gebaren.[90] Im Mai 2016, nachdem dieser in einem TV-Interview behauptet hatte, Cruz' Vater sei mit dem Kennedy-Attentäter Lee Harvey Oswald bekannt gewesen, hatte Cruz Trump noch als »pathologischen Lügner«, »Narzisst« und »zutiefst unmoralisch« bezeichnet.[91] 2020 zählte Cruz zu den treibenden Kräften in seiner Partei, die versuchten, die Rechtmäßigkeit des Wahlsiegs von Joe Biden in Zweifel zu ziehen.

Nur jene Republikaner:innen, die politisch nichts zu verlieren hatten, positionierten sich vor den Präsidentschaftswahlen 2016 öffentlich gegen Trump.[92] Und nach seiner Inauguration nahm die Loyalität Trump gegenüber – trotz aller Skandale und gravierenden Normverletzungen – immer weiter zu. Im Jahr 2020 konstatierte der Politikberater Stuart Stevens, die führenden Republikaner würden Trumps Vorgaben blind gehorchen und, ohne zu zögern, die Fundamente des Staates unterminieren.[93] Selbst als Trump schließlich doch das Weiße Haus verlassen hatte, blieb seine Machtposition unangefochten. Noch im Mai 2021 wurde Liz Cheney, als Vorsitzende der House Republican Conference die drittmächtigste Person innerhalb der Partei, von den republikanischen Abgeordneten des Repräsentantenhauses aus ihrem Amt gewählt, nachdem sie es gewagt hatte, dem Narrativ der »rigged election« zu widersprechen – der Kommentator Alexander Panetta sprach in dem Zusammenhang sogar von »Säuberungen« innerhalb der Partei.[94]

Sebastian Kurz hatte bei seinem Aufstieg zum Parteichef und später zum Kanzler (noch) weniger Widerstände zu überwinden. Als ÖVP-Obmann Reinhold Mitterlehner im Mai 2017 seinen Rücktritt erklärte, bestanden weder in den Medien noch beim damaligen Koalitionspartner SPÖ Zweifel, wer der neue »starke Mann« bei den Konservativen sein würde. Noch bevor Kurz offiziell erklärt hatte, dass er den Chefposten übernehmen werde, bot ihm Bundeskanzler Christian Kern eine »Reformpartnerschaft« an, um die vereinbarten Regierungsziele zu erreichen.[95] Kurz lehnte ab, weigerte sich, in der Koalition wie zuvor Mitterlehner das Amt des Vizekanzlers zu übernehmen, und forderte Neuwahlen.[96]

Innerparteilich machte Kurz rasch klar, dass er nur dann für das Amt des Obmanns zur Verfügung stehe, wenn er »volle Durchgriffsrechte und die Oberhoheit bei Personalentscheidungen und in Budgetfragen« erhalte.[97] Für eine Partei, in der traditionell sowohl die Landeshauptleute als auch die verschiedenen Bünde ein starkes Mitspracherecht in diesen Fragen hatten, bedeutete das einen drastischen Bruch mit der alten Ordnung – die ÖVP wurde zur Partei einer einzelnen Person und ihrer Clique. Ein vollständiges Rebranding folgte. Aus der Österreichischen Volkspartei wurde »Die neue Volkspartei«, Schwarz als Parteifarbe wich dem Türkis, und das nach außen kommunizierte Selbstverständnis wandelte sich von dem einer Mitgliederpartei zur »Bewegung«, an der sich jede:r Interessierte beteiligen könne. Die Konzentration auf Kurz als Führungsperson fand sich auch auf dem Wahlzettel wieder, wo die Wähler:innen jetzt ihr Kreuz bei der »Liste Sebastian Kurz – die neue Volkspartei« machen sollten.[98]

Während des Wahlkampfes stellten Kurz und sein Team regelmäßig ausgewählte Quereinsteiger:innen aus Wissenschaft, Justiz und Wirtschaft sowie bekannte(re) Persönlichkeiten des öffentlichen Lebens als Unterstützer:innen der türkisen »Bewegung« vor. Nach der Wahl wurde allerdings rasch deutlich, dass Personen wie die ehemalige Leichtathletin Kira Grünberg oder der ehemalige Grünen-Politiker Efgani Dönmez nur eine symbolische Rolle zu erfüllen hatten und echte Mitwirkung unerwünscht war.[99] Das Versprechen des Neubeginns druckte die ÖVP auch auf Plakate. »Ein neuer Stil. Es ist Zeit«, hieß es auf einem. Der »neue Stil« zeigte sich auch an der Übernahme von FPÖ-Rhetorik; die Slogans »Wahrheiten wieder aussprechen« und »Wieder auf unser Österreich schauen« erinnerten an FPÖ-Slogans der letzten 30 Jahre.[100]

Die bewusste Übernahme von FPÖ-Positionen, der radikale Umbau der Partei, die Konzentration auf Kurz als Führungsfigur und die Absage an die Große Koalition waren bereits in dem erwähnten ÖVP-Strategiepapier »Projekt Ballhausplatz« von 2016 fixiert (siehe Kapitel 1), das der FPÖ-Kandidat Heinz-Christian Strache während des Wahlkampfs im August 2017 »geleakt« hatte, bevor er dann eine Koalition mit seinem aggressiven Nachahmer einging.[101] Das Dokument enthält einen detaillierten Stufenplan zur Machtübernahme von Sebastian Kurz innerhalb der Partei sowie innerhalb der Regierung. Auch potenzielle Spender:innen waren aufgelistet. Im März 2021 berichtete Reinhold Mitterlehner vor dem Ibiza-Untersuchungsausschuss, dass Kurz und sein Team bereits im August 2016, also mehr als ein Dreivierteljahr vor Mitterlehners Rücktritt, Spenden-Rallyes ausgerichtet hatten.[102]

Die engen Kontakte zu Entscheidungsträger:innen aus der Wirtschaft zahlten sich für die ÖVP in den folgenden zwei Wahlkämpfen aus – keine andere Partei erhielt mehr Spenden, keine andere Partei überschritt jedoch zugleich so deutlich (2017 um fast das Doppelte) das gesetzlich auf 7 Millionen Euro begrenzte Budget (siehe Kapitel 2.1).

Im Wahlkampf kristallisierte sich ein weiterer Vorteil der Türkisen gegenüber der Konkurrenz heraus: Das Team um Kurz – junge, oft sehr katholisch geprägte Neokonservative, die der Hoffnungsträger zum Teil noch aus der JVP kannte – war bereits seit Jahren eingespielt, Kurz gegenüber absolut loyal und sorgt bis heute dafür, dass die Message Control in der Regierung funktioniert (siehe Kapitel 2.5).[103] Breite

Diskussionen in der Partei oder Vorstöße einzelner Minister:innen gibt es (nahezu) keine mehr.[104]

Welche Konsequenzen hat eine solche Ausrichtung auf die Führungsperson für eine Partei? Wie sehr muss sie sich dieser Person und ihren Wünschen unterordnen? Wie viel innerparteiliche Demokratie und Widerspruch ist möglich?

Formale Beratungs- und Entscheidungsgremien wie Parteipräsidien oder -vorstände haben in solchen Parteien immer weniger Macht. Die reale Entscheidungsmacht liegt bei – nach persönlichem Gutdünken ausgesuchten – Berater:innen und Vertrauten. Sie sind nicht an Parteitagsbeschlüsse gebunden, können nicht formal von Mitgliedern oder Gremien befragt, gewählt oder abgewählt werden, geben aber die Linie vor. Bei Trump waren es Familienmitglieder wie seine Tochter Ivanka und sein Schwiegersohn Jared Kushner, die als Berater:innen mächtige Posten innehatten, obwohl sie über keine politische Erfahrung verfügten.[105]

Das Machtverhältnis innerhalb einer solchen Partei kehrt sich um. Die Basis hat sich an die Vorgaben der Führungsperson und ihrer Clique zu halten, nicht umgekehrt. Die demokratische Kontrolle oder Einhegung geht zunehmend verloren.

Das ist aber nicht nur das Problem der Partei und ihrer Mitglieder, die ja ihre Macht auch (pseudo)freiwillig abgeben können, sondern zeugt von einer bestimmten Grundhaltung und einem damit verbundenen Regierungsstil. Das Paradoxe ist, dass sich solche Parteien einerseits auf die Unterstützung durch eine vermeintlich »schweigende Mehrheit« berufen und zugleich freie demokratische Mitbestimmung höchstens als Inszenierung zulassen.

Diese Form der »identitären Demokratie« hat Carl Schmitt schon in den zwanziger Jahren des vorigen Jahrhunderts beschrieben. Demokratie ist in seiner Sicht die geistige Einheit zwischen Führenden und Geführten. Gewählt wird per Akklamation, also öffentlich zur Schau gestellter Unterstützung.[106]

Schmitts illiberale Sicht auf Demokratie und (Staats-) Führung legitimiert eine Führungsperson bzw. ihren Machtzirkel ohne formaldemokratische Bindung – weder innerhalb einer Partei noch innerhalb des Staates. Schmitt hat damit die ideologische Grundlage für eine Volksherrschaft ohne Demokratie geschaffen. In dieser Lesart ist Demokratie lediglich ein öffentlicher Prozess zur Legitimierung des Herrschenden und kein Prinzip, das gegen diese Person, frei, geheim und unabhängig, eingesetzt werden kann. Es ist viel schwieriger, öffentlich einer (vermeintlichen) Mehrheit zu widersprechen, als individuell und ohne Druck eine Stimme abzugeben und so den politischen Willen auszudrücken.

Innerhalb einer bürgerlich-liberalen Demokratie gibt es weiterhin freie und geheime Wahlen, auch wenn der Zugang dazu – jedenfalls in den USA – zunehmend erschwert und das Ergebnis, wenn es nicht den eigenen Erwartungen entspricht, als manipuliert oder dem Willen des »Volkes« zuwiderlaufend delegitimiert wird (siehe Kapitel 2.6).

Märtyrer und Erlöser

Der Führungsperson kommt dabei ein beinahe religiöser Status zu. Erlangen kann sie ihn freilich nur, wenn sie als Figur wahrgenommen wird, die nicht aus Eigeninteresse handelt.

Trump wurde eine Unabhängigkeit vom politischen wie wirtschaftlichen Establishment zugesprochen, da er aufgrund seines (vermeintlichen) Reichtums unbestechlich sei. Er selbst verurteilte sogenanntes *special interest money*, also Spendengelder bestimmter Interessengruppen, auf die er wegen seines Reichtums nicht angewiesen sei.[107]

Sebastian Kurz wiederum inszeniert sich gerne als über den Dingen schwebender Erlöser, der sich immer wieder aufopfert für das Wohl des Landes. Sein erstes

Statement zum Ibiza-Skandal am 18. Mai 2019 zeugt von genau dieser Haltung.

Am Vortag war das Video öffentlich geworden, das, im Sommer 2017 heimlich aufgenommen, den damaligen FPÖ-Chef Heinz-Christian Strache und seine rechte Hand, Johann Gudenus zeigt, wie sie mit einer vermeintlichen russischen Oligarchin weinselig in einer Villa auf Ibiza plaudern. Gegen die Zusage finanzieller Unterstützung verstricken sie sich dabei in allerlei Zugeständnisse und sind sogar bereit, die größte Zeitung des Landes, die *Kronen Zeitung*, zu verkaufen und zahlreiche Spitzenpositionen in staatsnahen Unternehmen entsprechend zu besetzen.

Kurz, der die FPÖ überhaupt erst in die Regierung geholt hatte, nahm das Video zum Anlass, um vor allem sich selbst als Opfer darzustellen: »Sie haben wahrscheinlich aber auch mitverfolgt, dass in den letzten beiden Jahren für diese inhaltlichen Erfolge ich bereit sein musste viel auszuhalten und auch vieles in Kauf zu nehmen. [...] Und auch wenn ich mich nicht immer öffentlich dazu geäußert habe – das können sie sich wahrscheinlich vorstellen – gab es viele Situationen, in denen mir das sehr schwergefallen ist, das alles runterzuschlucken. Ich habe trotzdem im Sinne der Sacharbeit nicht bei der erstbesten Verfehlung die Koalition aufgekündigt. Aber nach dem gestrigen Video muss ich ganz ehrlich sage: Genug ist genug.«[108]

Hier zeichnet Kurz von sich selbst das Bild des Gepeinigten, still Erduldenden, der sich im Dienste der Sache geopfert hat. So zeigt er einerseits, dass er die rechtsextreme FPÖ sowieso als Partnerin nie gewollt hat, aber sie eben das Beste für die Allgemeinheit war. Andererseits präsentiert er sich in der Rolle des Märtyrers. In dieser Inszenierung nimmt er beinahe jesushafte Züge an. Aus dem Dunkel führt er uns ins Helle. Diese Art des Pathos kannte man bis dato in Österreich allenfalls von Jörg Haider. Kurz zieht sich dabei aus dem schnöden politischen Tagesgeschäft heraus und wird zu einer Ikone des Überpolitischen, die nicht durch den traditionellen Formalrahmen gebunden, sondern direkt mit den Wähler:innen verbunden ist, ganz so, wie es der Schmitt'schen Einheit zwischen Führungsperson und Geführten entspricht.

Ähnlich und sogar noch viel ausgeprägter setzte Donald Trump auf diese Masche. Er ließ sich gern als Heiland einer konservativen, christlichen USA feiern. Der dreimal verheiratete New Yorker, der sich selbst goldene Türme baut, versprach die darniederliegenden echten, konservativen Werte und damit Amerika selbst »wieder groß zu machen«. Besonderen Wert legte er darauf, sich als Anti-Establishment-Figur zu inszenieren, als Heilsbringer und Künder eines neuen Zeitalters.[109] Sogar mit dem biblischen König Kyros ließ er sich vergleichen.[110] Er umgab sich mit evangelikalen Prediger:innen, bediente sich entsprechender Symboliken und sprach 2020 bei Wahlkampfreden diese vermeintlich verlorene und wiederzugewinnende religiöse Ordnung an: »Wir werden einen weiteren gewaltigen Sieg erringen – für Glaube und Familie, Gott und das Land, Fahne und Freiheit.«[111]

Das Interessante an dieser selbst gewählten Rolle als Retter oder, wie oft bei Kurz, als Opfer ist, dass damit Kommunikation auf Augenhöhe unmöglich wird. Ein normales Gespräch, auch ein Streitgespräch, kann so nie stattfinden. Nicht mit dem politischen Gegner und nicht mit Journalist:innen. Entsprechend wichtig ist es, Settings zu vermeiden, die eine solche Inszenierung unterbinden. Das wurde etwa bei den Debatten vor den Präsidentschaftswahlen 2020 in den USA deutlich, als die Moderatorin – nachdem vor allem Trump seinen Gegner, Joe Biden, ständig unterbrochen hatte – zum Beispiel die Möglichkeit bekommen sollte, die Mikros stummzuschalten. Trump wetterte, die Regeländerung sei »sehr unfair« und gegen ihn gerichtet.[112]

Auch Kurz versucht stets, einen Dialog auf Augenhöhe zu vermeiden. Gelingt ihm das nicht, ist er schnell irritiert. Das zeigte sich bei einem TV-Interview, das die Journalistin Alexandra Wachter mit ihm führte. Sie leitete es mit der Bemerkung ein, dass sie und Kurz ja derselben Generation angehörten und der EU viel zu verdanken hätten. Das ganze weitere Gespräch wurde in einer angespannten Atmosphäre geführt, was darin gipfelte, dass Kurz Wachter nach einer kritischen Frage anging, sie habe doch »ein eigenes Hirn«, das solle sie benutzen. Die Vertreter:innen des radikalisierten Konservatismus funktionieren nur als Opfer oder Märtyrer, nicht als Gesprächspartner:innen auf Augenhöhe.

Eine Regierung, die gar keine ist

Die Kehrseite dieser Fokussierung auf eine Führungsfigur besteht darin, dass die Personen daneben und dahinter zu Statist:innen verkommen. Sie sind nur noch dazu da abzunicken, was die Führungsfigur sagt. Widerspruch ist unerwünscht und hat keinen Platz – ein verärgerter Funktionär der Tories sprach in Bezug auf die Mitglieder der Regierung Boris Johnsons von einem »Potemkin'schen Kabinett«.[113] Die Regierung und die Entscheidungsgremien sind nur noch Fassade. Die wirklichen Entscheidungen werden zuvor im kleinen (und nicht demokratisch legitimierten) Kreis getroffen. Die Minister:innen sind nur noch ausführende Organe der Launen oder strategischen Überlegungen. Wer nicht spurt, hat keinen Platz.

Bei Trump schlug sich das in deutlichen Zahlen nieder: Er hatte am Ende seiner Präsidentschaft so viele Wechsel in Ministerämtern vorzuweisen wie keiner seiner Vorgänger der letzten vierzig Jahre. Ganze zehn Kabinettsmitglieder mussten vorzeitig ihren Posten räumen. Auch im Weißen Haus herrschte eine extreme Fluktuation: 91 Prozent der höheren Positionen wurden mindestens einmal neu besetzt.[114] Nicht selten berief Trump statt regulärer Nachfolger:innen, die vom Senat hätten bestätigt werden müssen, geschäftsführende Vertreter:innen, für die das nicht gilt (siehe Kapitel 2.4). Sie dürfen diese Position laut Gesetz nur maximal 210 Tage ausfüllen, was Trump nicht davon abhielt, diese Grenze mehrfach deutlich zu überschreiten.[115]

Danielle Schulkin und Julia Brooks nennen dieses Phänomen den *shallow state*, also den seichten Staat[116] – sozusagen das Gegenkonzept zum vermuteten *deep state*, der nur darauf aus ist, der Führungsfigur zu schaden.

Um den Mythos des *deep state* hat sich eine ganze Verschwörungserzählung gebildet, QAnon (siehe Kapitel 2.6).[117] Trump kommt darin eine mythische Bedeutung als Erneuerer und Märtyrer zu. Jede Kritik an ihm zielt nur darauf ab, ihn an der Bewältigung seiner herkulischen Aufgabe zu hindern, jeder Vorwurf und jede Verfehlung verblassen vor der Monumentalität seines Auftrags.

Diese Erzählung ist natürlich im Vergleich zu europäischen Beispielen pathosgeladen und auf eine rechte, evangelikale Schicht zugeschnitten. Im Kern funktionieren die Methoden aber ähnlich: Ein über der Politik stehender Erneuerer, der mit dem alten, verdorbenen System abrechnet und den Politsumpf trockenlegt, soll der Heilsbringer sein. Kurz ist hier der mutige Jungpolitiker, der mit der Großen Koalition bricht und eine verstaubte Partei neu erfindet; der einen »neuen Stil« pflegt und sich am »gegenseitigen Anpatzen« nicht beteiligen will.[118] Die Führungsperson reiht sich nicht einfach in die Folge der Präsidenten oder Bundeskanzler ein, sondern markiert die Zäsur gegenüber einem alten, schlechten System.

Von der Staatspartei zur Leaderpartei

Die Entdemokratisierung manifestiert sich am deutlichsten in der Hinwendung konservativer Parteien zu »Machern« und Verkündern »harter Wahrheiten«. Solche Personen könnten theoretisch jedes Geschlecht haben, in der Praxis sind es jedoch fast immer Männer, die sich mit typisch männlichen Tugenden inszenieren. Kalte, rationale Macher, die sich nicht von Mitleid oder anderen »weichlichen« Regungen irritieren lassen, sondern ihre harte, aber notwendige Agenda durchziehen. Diese Härte korrespondiert mit der Kälte des Auftretens des Mannes an der Spitze. Das zeigt sich überdeutlich in allen Fragen, die mit sozialer Gerechtigkeit oder Migration zusammenhängen: Statt auf Ausgleich oder zumindest Symbolpolitik zu setzen, wird in beiden Politikfeldern eine Politik der Härte verfolgt. Die Gefahr von innen wird an angeblich faulen Arbeitslosen und Migrant:innen bzw. Geflüchteten festgemacht, als Bedrohung von außen werden neue massenhafte Migrationsbewegungen dargestellt, die das Land in seiner Identität bedrohen. Das verbindende Glied und Feindbild ist jenes nicht näher definierte machtvolle Netzwerk linker politischer und zivilgesellschaftlicher Akteur:innen, die hinter jeder Ecke lauern und die Medien und sogar weite Teile des Staates kontrollieren (siehe Kapitel 2.2). Gegen ihre schärfste Waffe, die Kritik, muss sich die Führungsperson stellvertretend für eine vermeintlich schweigende Masse wehren.

Dieses Spiel ist nicht neu. Es ist die Strategie des Rechtspopulismus Haider'scher Prägung. Neu ist, dass die Strategie einer überpolitischen und übermenschlichen Führungsfigur nicht mehr nur von der extremen Rechten beschworen, sondern von konservativen Kräften vollzogen wird. Dabei entsteht das Paradoxon einer konservativen Partei, die sich als Kämpferin gegen das alte System geriert und doch auch die Glaubwürdigkeit ihrer jahrzehntelangen Rolle als staatstragender Partei ausnutzt.

2.4 Antidemokratischer Staatsumbau Vormarsch auf die Institutionen

Die Vertreter:innen des radikalisierten Konservatismus befinden sich in einer bemerkenswerten Position. Sie haben formal hohe und höchste Ämter im Staat inne, aber genau diese Position nutzen sie, um das demokratische System, das sie nach oben gebracht hat, zu demontieren. Das betrifft alle Bereiche des Staates, vor allem aber das Justizsystem und das Parlament – die Exekutive geht gegen Judikative und Legislative vor. Dabei wird die für den modernen, demokratischen Nationalstaat konstitutive Gewaltenteilung rasch und systematisch aufgeweicht. Die sogenannte vierte Gewalt, die Medien, wird ebenfalls eingehegt und sabotiert, und der Sozialstaat, die größte Errungenschaft der organisierten Arbeiter:innenbewegung im 20. Jahrhundert, geschwächt.

Dieses schnelle Agieren abseits der Öffentlichkeit steht im Widerspruch zur erzählten Wahrheit: Nach außen hin wird nämlich ein Bild der Wirklichkeit erzeugt (siehe Kapitel 2.6), in dem man ständig Opfer ist – Opfer eines ominösen *deep state* oder geheimer »roter Netzwerke« im eigentlich konservativen Justizapparat. Dabei wird das Parlament zur abgehobenen Eliten-Veranstaltung, das nicht über den vom Volk gewählten Führer urteilen darf; die Medien sind ein linkes Hetz-Netzwerk, das einseitig Fake News verbreitet; der Sozialstaat alimentiert Faule und Migrant:innen auf Kosten der fleißigen und angestammten Bürger:innen. Der radikalisierte Konservatismus markiert diese sensiblen Bereiche des Staates als feindliche Festungen, jeder Meter der versprochenen Veränderungen ist gegen den Widerstand der vielfältigen Feind:innen zu erkämpfen. Dementsprechend lässt sich die Kampfrhetorik nutzen, um die Polarisierung weiter voranzutreiben (siehe Kapitel 2.2). Es schadet nicht, wenn die Versprechungen nicht eingehalten werden – im Zweifel ist das immer wieder mit den vielfältigen Widerständen zu erklären.

Demontage des Sozialstaats

Der ÖVP unter Kanzler Kurz ist der schnelle Umbau des Sozialstaates besonders wichtig. In der türkis-blauen Koalition trieb sie dieses Ziel in atemberaubender Geschwindigkeit voran, hatte sie in der FPÖ doch einen willfährigen und auf diesem Politikfeld ideologisch recht verwandten Partner.

Bei der Reform der Mindestsicherung (die österreichische Sozialhilfe) im November 2018 knüpfte die türkis-blaue Regierung die (volle) Auszahlung an Sprachkenntnisse sowie einen Pflichtschulabschluss und wollte die Unterstützung pro Kind ab einer bestimmten Familiengröße senken.[119] Damit war die Reform nicht nur generell gegen arme Personen mit niedrigem Bildungsstand und/oder großer Kinderzahl, sondern auch ganz klar gegen Migrant:innen gerichtet. Die radikale Ungleichbehandlung war jedoch dem Verfassungsgerichtshof zu viel. Er kippte diese Kernpunkte der Reform bereits im Dezember 2018.[120] Das rassistische Element sollte dabei von den verheerenden Folgen ablenken, die diese Reform für viele Menschen gehabt hätte. Während sich die Öffentlichkeit auf den Rassismus konzentrierte (und ihn entweder empört ablehnte oder mehr oder weniger offen begrüßte), wurde häufig übersehen, dass die Umsetzung der Maßnahmen einen tiefgehenden Umbau des Sozialsystems bedeutet hätte.

Die Mindestsicherung ist das letzte Mittel vor dem Abrutschen in die Armut. Würde sie fallen, hätte das einen Dominoeffekt für das gesamte Sozialsystem, steigende Obdachlosigkeit und Delogierungen zur Folge. Gleichzeitig wäre es für Unternehmen viel leichter, Dumping-Löhne zu zahlen, da die Arbeitnehmer:innen gezwungen wären, sie zu akzeptieren. Aus demselben Grund wurde ausgerechnet die Pandemie genutzt, um eine Senkung des Arbeitslosengelds ins Spiel zu bringen.[121] Solche Maßnahmen laufen auf die Etablierung eines Niedriglohnsektors hinaus, mit Menschen, die trotz Arbeit in dauerhafter Armut leben. Damit wäre die völlige Neuordnung des österreichischen Arbeitsmarktes zuungunsten der Arbeitnehmer:innen abgeschlossen. Denn neben geringerem Lohn werden ihnen auch noch längere Arbeitszeiten aufgebürdet, wurde doch schon unter der ÖVP-FPÖ-Regierung der 12-Stunden-Arbeitstag beschlossen und damit eine der wichtigsten gewerkschaftlichen Errungenschaften abgeschafft.

Donald Trump nahm sich gleich an seinem ersten Tag im Amt die Krankenversicherung vor, einen zentralen, ideologisch aufgeladenen Streitpunkt zwischen, aber auch innerhalb der Parteien. Die USA sind das einzige westliche Land ohne universelle Krankenversicherung. Auch Barack Obama hat mit dem »Affordable Care Act« lediglich die krassesten Missstände beseitigt. Insbesondere erhielten jetzt Personen mit Vorerkrankungen ein Anrecht darauf, eine Krankenversicherung abschließen zu können. Wer z.B. mit einem Herzfehler geboren ist oder eine Chemotheraphie hinter sich hat, konnte vorher von den Versicherungsunternehmen abgewiesen werden, sodass es in vielen Fällen praktisch unmöglich war, eine Police abzuschließen. »Obamacare« änderte allerdings nichts grundsätzlich am System privater profitorientierter Krankenversicherungsunternehmen.

Mit dem Slogan »Repeal and Replace« hatte Trump schon im Wahlkampf versprochen, Obamacare durch ein viel besseres System zu ersetzen, und nach seinem

Amtsantritt kündigte er immer wieder an, er werde seinen »wunderbaren Plan« bald präsentieren.[122] Stattdessen machte er sich daran, jene (aus europäischer Sicht ohnehin bescheidenen) Erfolge zu zerstören. Als Erstes wurde der Passus gestrichen, der Arbeitnehmerinnen kostenfreie Empfängnisverhütung via Krankenversicherungen garantierte, und Trump nahm Unternehmen mit weniger als 30 Mitarbeiter:innen aus der Pflicht, überhaupt eine Versicherung anbieten zu müssen. Außerdem durften Versicherungsunternehmen günstige Policen mit niedrigerem Standard für Menschen ohne Vorerkrankungen und Gesundheitsrisiken verkaufen. Die Konsequenz daraus war, dass sich die Leistungen für Menschen mit solchen Risiken verschlechterten und die Versicherungen teurer wurden. Einzig die Versicherungs- und andere Unternehmen der Gesundheitsbranche profitierten davon.

Gleichzeitig setzte Trump eine Steuerreform um, von der vor allem reiche Haushalte mit einem Jahreseinkommen von mehr als 524000 Dollar etwas haben. Sein »Tax Cuts and Jobs Act« senkte die Körperschaftssteuer von 35 Prozent auf 21 Prozent, der Spitzensteuersatz fiel von 39,6 Prozent auf 37 Prozent. Das führte zu einem (noch vor Corona für 2020 prognostizierten) Anwachsen des Staatsdefizits auf eine Billion Dollar.[123] Trump stellte immer weitere Steuererleichterungen in Aussicht, ohne zu spezifizieren, wie diese genau aussehen sollten. Er deutete nur an, sie seien »sehr, sehr weitreichend«, besonders die Bezieher mittlerer Einkommen würden »sehr, sehr begeistert« sein.[124]

Angriffe auf die Justiz

Die Unabhängigkeit, mit der die Justiz ihre Kontrollfunktion ausübt, ist von zentraler Bedeutung für die Demokratie. Für die Akteur:innen des radikalisierten Konservatismus wird sie daher zur Gegnerin.

Sebastian Kurz und die ÖVP nahmen insbesondere die Wirtschafts- und Korruptionsstaatsanwaltschaft (WKStA), die im Zusammenhang mit dem Ibiza-Skandal ermittelt, ins Visier. In einem Hintergrundgespräch mit Chefredakteur:innen beklagte Kurz die angeblichen »roten Netzwerke« in der Wirtschafts- und Korruptionsstaatsanwaltschaft.[125] Das ist insofern interessant, als die ÖVP von 2008 bis 2019 den/die Justizminister:in gestellt hat.

Aus diesem Gespräch ergab sich eine öffentliche Debatte über die Unabhängigkeit der Justiz, die – vermutlich genau wie von der ÖVP beabsichtigt – zunehmend die WKStA beschädigte. Als diese im Mai 2021 gegen Finanzminister Gernot Blümel und Kurz selbst zu ermitteln begann, wurden die Angriffe heftiger. Bei Blümel, einem der engsten Weggefährten von

Kurz, wurde im Februar 2021 eine Hausdurchsuchung wegen des Verdachts durchgeführt, dass Spenden des Glücksspielkonzerns Novomatic im Austausch mit politischen Hilfsleistungen an die ÖVP bzw. parteinahe Vereine geflossen sein könnten. So wandte sich Novomatic-Chef Harald Neumann 2017 via Chatnachricht an Finanzminister Blümel bezüglich »eines Problems in Italien«, bei dem dieser helfen sollte. In derselben Nachricht stellte Neumann eine Spende in Aussicht, über die er mit Blümel reden wolle.[126]

Gegen Kanzler Kurz wird (Stand Juli 2021) wegen Falschaussage vor dem parlamentarischen Ibiza-Untersuchungsausschuss, der genau diese Vorgänge aufklären sollte, ermittelt. Eine Anklageerhebung scheint wahrscheinlich. Kurz hat aber angekündigt, selbst in diesem Fall nicht zurücktreten zu wollen.[127] In einem Interview mit der größten Zeitung Österreichs, der *Kronen Zeitung*, bemühte er sogar seine Mutter, um deutlich zu machen, wie haltlos und ungeheuerlich die Vorwürfe gegen ihn seien: »Meine Mutter ist extrem traurig und besorgt. Sie sagt, sie hätte sich für mich etwas anderes gewünscht als die Politik und diesen Umgang.«[128] Gegen einen solchen Griff in die Emotionalisierungskiste kommt man argumentativ schwer an – was soll man den Sorgen einer Mutter schon entgegensetzen?

Sofort nach Bekanntgabe der Ermittlungen war die ÖVP mit scharfen Attacken gegen die WKStA in die

Offensive gegangen: Diese sei inkompetent und habe sich, so Kurz, »viele Verfehlungen« geleistet.[129] Der ÖVP-Fraktionsführer im Ibiza-Ausschuss, Andreas Hanger, griff in der Folge sogar den ermittelnden Staatsanwalt persönlich an, warf ihm »unglaubliche politische Befangenheit« und »Fehlleistungen« vor.[130] Weil die Staatsanwält:innen Kurz und seinen Vertrauten unangenehm wurden, framten diese die WKStA als zu lösendes Problem. Das ist nicht nur Krisenkommunikation, sondern zugleich der Versuch, strukturell ins Justizsystem einzugreifen und dieses so umzugestalten, dass potenziell unbequeme Ermittler:innen kaltgestellt werden.

Eine weitere Facette erhält die ganze Causa dadurch, dass ein hoher ÖVP-naher Beamter, Christian Pilnacek, von der amtierenden grünen Justizministerin Alma Zadić wegen des Verdachts auf Geheimnisverrat suspendiert wurde. Im Zuge der Ermittlungen waren nämlich Chatprotokolle von Pilnacek öffentlich geworden. Neben sexistischen Sprüchen (etwa der Bezeichnung einer Verfassungsrichterin als »gute Müllfrau«) wurden dabei weitreichende informelle Kontakte sichtbar, die unter Umgehung der formaljuristischen Strukturen den Beteiligten Vorteile verschaffen sollten. Dazu gehört auch, dass Pilnacek geholfen hat, eine parlamentarische Anfrage der ÖVP gegen sein eigenes Ministerium zu verfassen.[131]

Attacken auf Mitglieder des Justizsystems waren

auch eine Spezialität von Donald Trump. So griff er Richter:innen, die nicht agierten, wie er das wünschte, direkt und persönlich an.[132] Dazu gehört etwa der (geglückte) Versuch, in die Verurteilung von Roger Stone – einer der engsten Trump-Berater während des Wahlkampfs 2016 – zu intervenieren. Im November 2019 hatte ein Geschworenengericht ihn der Falschaussage für schuldig befunden: Er hatte bei seiner Befragung im März 2018 die Unwahrheit über sein Verhältnis zu Wikileaks und dessen Gründer Julian Assange sowie seine Rolle bei der Veröffentlichung der E-Mails der ehemaligen demokratischen Präsidentschaftskandidatin Hillary Clinton gesagt.[133]

Nachdem die Staatsanwaltschaft ein Strafmaß von sieben bis neun Jahren gefordert hatte, twitterte Trump: »Nur zwei Monate Gefängnis für eine Sumpf-Kreatur, aber Roger Stone (der nicht mal für die Trump-Organisation gearbeitet hat) soll neun Jahre kriegen. Klingt wirklich sehr fair! Der Sumpf!«[134] Er attackierte auch direkt die Richterin Amy Berman Jackson. Das ging so weit, dass der eigene Justizminister, William Barr, den Präsidenten öffentlich bat, die Angriffe einzustellen.[135] Trump setzte die Haftstrafe Stones aus und begnadigte ihn schließlich im Dezember 2020.

Trumps Eingriffe waren aber nicht nur punktueller Natur, sondern hatten auch strategischen Einfluss. Er konnte in seiner Amtszeit drei neue Richter:innen des

Supreme Court ernennen. Nachdem Anthony Scalia Anfang 2016, fast ein Jahr vor Ende der Amtszeit von Obama, verstorben war, hatten die Republikaner sich geweigert, Obamas Kandidaten, den zentristischen Merrick Garland, als Scalias Nachfolger zu berufen. Kaum im Amt, nominierte Trump dann Neil Gorsuch für den Posten. Als der konservative Richter Anthony Kennedy in den Ruhestand ging, nominierte Trump Brett Kavanaugh, der von mehreren Frauen sexueller Übergriffe beschuldigt wurde. Christine Blasey Ford sagte öffentlich gegen ihn aus. Kavanaugh wurde trotzdem in den Supreme Court befördert.

Wenige Wochen vor der Präsidentschaftswahl 2020 starb die liberale Richterin Ruth Bader Ginsburg. Trump und die Republikaner besetzten den frei gewordenen Platz in aller Eile mit Amy Coney Barrett, obwohl sie genau das Obama noch vier Jahre zuvor verweigert hatten. Alle drei Richter:innen sind verhältnismäßig jung und streng rechts. Da sie das Amt auf Lebenszeit bekleiden, werden sie die Rechtsprechung des Landes voraussichtlich noch für Jahrzehnte prägen.

Der Supreme Court ist dabei nur die Spitze des Eisbergs. Auch in den darunterliegenden Justizebenen hat Trump das System schnell und nachhaltig umgestaltet, indem er etwa 200 konservative Bundesrichter:innen – vorwiegend junge weiße Männer – installierte, mehr als jeder Präsident zuvor. Auch sie haben ihr Amt auf Lebenszeit inne und werden noch Recht sprechen, wenn Donald Trump längst Geschichte ist.[136]

Sturm auf das Parlament

Das Parlament verfügt über das Budgetrecht, es beschließt Gesetze und hat den Auftrag, dem Verdacht eines Fehlverhaltens der Regierung bzw. einzelner ihrer Mitglieder nachzugehen. Es kann Untersuchungsausschüsse einsetzen, um dubiose Machenschaften aufzuklären, und gegebenenfalls per Amtsenthebungsverfahren oder Misstrauensvotum Konsequenzen ziehen. Gerade in seiner mächtigen Kontrollfunktion ist das Parlament den Vertreter:innen des radikalisierten Konservatismus ein Dorn im Auge. Dementsprechend wird das Parlament diskursiv abgewertet.

Deutlich wurde ein solches antiparlamentarisches Kalkül, als Sebastian Kurz sich nach der Veröffentlichung des Ibiza-Videos offen gegen das Parlament stellte. Nachdem er die Koalition mit der FPÖ aufgekündigt hatte, bemühte er sich nicht um eine andere parlamentarische Mehrheit, sondern wollte (mit einigen Spitzenbeamt:innen als Ersatz für die FPÖ-Minister:innen, die das Kabinett verlassen mussten) quasi in einer ÖVP-Alleinregierung bis zu den Neuwahlen im September weiterregieren. Ein Misstrauensantrag der SPÖ führte zu einem einzigartigen Vorgang in der österreichischen Parlamentsgeschichte: Ein Kanzler wurde vom Nationalrat abgewählt. Kurz weigerte sich daraufhin, die Geschäfte auch nur interimsmäßig einige Tage zu führen, bis Bundespräsident Alexander Van der Bellen eine – vor allem mit Spitzenbeamt:innen besetzte und von der Verfassungsrichterin Brigitte Bierlein geführte – Übergangsregierung zusammenstellte.

Sebastian Kurz und die ÖVP schalteten sofort in den Wahlkampfmodus und richteten ihren Zorn auf das Parlament. Am Abend nach der Abstimmung versammelte Kurz seine Fans in den Räumen der Politischen Akademie der ÖVP und beendete seine kurze Rede mit jenen Worten, die für die kommenden Monate zum Slogan seiner Partei werden sollten: »Das Parlament hat bestimmt, aber das Volk wird entscheiden!«[137] Er stellte seine Anhänger:innen vor die Wahl: »Ich oder das Parlament« und inszenierte sich als direkt vom Volk gewählten Führer, der das intrigante Parlament nicht nötig habe.

Diese Verachtung für das Parlament machte sich auch in der folgenden Legislaturperiode bemerkbar, als die ÖVP dann zusammen mit den Grünen regierte. Insbesondere der Ibiza-Untersuchungsausschuss wurde diffamiert. Jeder Mörder werde vor Gericht respektvoller behandelt als ein Zeuge in diesem Ausschuss, klagte der Kanzler in einem Interview mit der wichtigsten Nachrichtensendung des Landes, *Zeit im Bild 2*.[138] Der Untersuchungsausschuss dauerte ein Jahr, von Juni 2020 bis Mitte Juli 2021. Obwohl vieles ungeklärt blieb, scheiterte eine Verlängerung seines Mandats an der ÖVP und den Grünen.[139]

Die ÖVP leistete sich zahlreiche Sabotageakte gegen ihn. Etwa als der Verfassungsgerichtshof das Finanzministerium aufforderte, den gesamten E-Mail-Verkehr führender Mitarbeiter:innen zur Verfügung zu stellen. Gernot Blümel ließ die dafür gesetzte Frist verstreichen, sodass der Verfassungsgerichtshof einem Exekutionsantrag beim Bundespräsidenten stattgab. Nun hätte dieser (falls nötig mit Polizei und Militär) für eine Lieferung der Dokumente sorgen müssen. Bevor es dazu kam, gab Blümel die Unterlagen heraus – allerdings in ausgedruckter Form und unter zweithöchster Geheimhaltungsstufe: Die Mitglieder des Ausschusses durften die 65 000 Seiten nur vor Ort in einem Raum des Parlaments lesen.[140] Geliefert wurden die Mails zweieinhalb Monate vor Ende des Untersuchungsausschusses, sodass es den Abgeordneten kaum möglich war, die 8000 Aktenordner systematisch zu sichten. Der ganze Vorgang ist einmalig in der Geschichte der Zweiten Republik. Der ÖVP ging es dabei freilich nicht um einen Freundschaftsdienst für die FPÖ, die ja eigentlich im Zentrum des Ibiza-Skandals stand. Vielmehr brachte der Untersuchungsausschuss ans Licht, dass es eine Fülle verdächtiger Vorgänge rund um ÖVP-Postenbesetzungen gab. Dazu gehörte der Alleinvorstand der Österreichischen Beteiligungs AG (ÖBAG) Thomas Schmid, der schließlich zurücktreten musste, nachdem Chatnachrichten öffentlich geworden waren. Darin bezeichnete er gewöhnliche Menschen als »Pöbel«, Justizbeamte als »Tiere« und machte rassistische Witze über geflüchtete Menschen.[141] Ebenfalls per Chatnachricht hatte der damalige Generalsekretär im Finanzministerium dem damaligen Außenminister Sebastian Kurz bereits im April 2016 mitgeteilt: »Du hast eine Budgetsteigerung von über 30 %! Das haben wir NUR für dich gemacht. Über 160 Mio mehr! Und wird voll aufschlagen. Du schuldest mir was :-)))! LG t«.[142]

Auch Donald Trump stellte die bestehende Struktur der Checks & Balances infrage. Die Konzentration der exekutiven Macht musste dabei nicht erst informell erfolgen. Das politische System der USA sieht die Konzentration der Macht und Entscheidungsfähigkeit in einer Person konstitutiv vor. Es erlaubt, rasche und unbeeinflusste Entscheidungen zu treffen und klare Verantwortung zuzuschreiben. Trump hat diese Macht gleichzeitig kompromisslos ausgenützt und zu ihrer Zersplitterung beigetragen.[143] Zu seinen ersten Amtshandlungen gehörten der Befehl zu einem Raketenangriff in Syrien und die Verhängung eines Einreiseverbots für Menschen aus (zunächst sieben) vorwiegend muslimischen Ländern. Gleichzeitig wurden schon bald Risse innerhalb des Regierungsapparats sichtbar, etwa als sich der National Park Service weigerte, »Beweise« für Trumps Behauptung beizubringen, bei seiner Inauguration seien mehr Menschen anwesend gewesen als bei der Obamas. Auch in den Sicherheitsbehörden gab es Widerspruch oder dröhnendes Schweigen zu abstrusen Behauptungen wie jener, Trump sei während des Wahlkampfes abgehört worden.[144]

Ähnlich spannungsgeladen war sein Verhältnis zum Parlament, dem Kongress, mit seinen zwei Kammern, dem Senat und dem Abgeordnetenhaus. Beispielsweise muss jede Besetzung eines hohen Postens in der Exekutive und der Judikative durch ein Hearing im Senat bestätigt werden. Das betrifft nicht nur die Berufung von Minister:innen, sondern auch Schlüsselpositionen im Weißen Haus selbst sowie die Chef:innen der Bundesbehörden und Geheimdienste. Trump hat daran gearbeitet, diese parlamentarische Mitbestimmung auszuhebeln. Etwa als er während der Pandemie 2020 versuchte, den Kongress in eine Pause zu zwingen, um freiere Hand bei Postenbesetzungen zu haben – ein Vorgang, den Neal K. Katyal (als ehemaliger geschäftsführender Solicitor General of the United States einer der höchsten Justizbeamten) und der Anwalt Thomas P. Schmidt als einzigartige Unterminierung der Verfassung bezeichnet haben.[145]

Bereits zuvor umging Trump parlamentarische Nominierungsprozesse, indem er immer wieder Vakanzen nicht regulär nachbesetzte, sondern am Senat vorbei geschäftsführende Personen berief. Das wichtigste Kriterium war nicht Qualifikation, sondern Loyalität zu Trump. Ein Beispiel, das für großes mediales Aufsehen sorgte, ist Matt Whitaker, der im November 2018 als geschäftsführender Attorney General auf Jeff Sessions folgte. Whitaker hatte zuvor den FBI-Chefermittler Robert Mueller für dessen Arbeit bei den Russland-Ermittlungen harsch kritisiert, die Ermittlungen als substanzlos bezeichnet und öffentlich darüber nachgedacht, wie ein möglicher Nachfolger Jeff Sessions' Mueller zügeln könnte.[146]

Die schärfste Waffe der Legislative, um den Rechtsstaat zu schützen, ein Amtsenthebungsverfahren, wurde gleich zweimal gegen Trump geführt. Seine Partei hatte also wiederholt Gelegenheit, den Fehler, ihn für die Präsidentschaft nominiert zu haben, zu korrigieren. Das erste Amtsenthebungsverfahren wurde im Zuge des Ukraine-Skandals eingeleitet (siehe Kapitel 2.2), das zweite fand – historisch ebenso einmalig – zu einem Zeitpunkt statt, als Trump nicht mehr Präsident war. Aber selbst nach dem Sturm seiner Anhänger:innen aufs Kapitol, zu dem Trump sie mit seiner Rede aufgerufen (oder zumindest ermutigt) hatte, hielt ihm die überwältigende Mehrheit der Partei die Treue. In beiden Fällen wurde er vom Abgeordnetenhaus verurteilt, jedoch vom Senat, wo eine Zweidrittelmehrheit nötig ist, mit den Stimmen der Republikaner:innen freigesprochen. Nicht einmal im Parlament war man sich einig, dass ein Angriff auf das Parlament nicht hinzunehmen ist.

Medien

Auch die Medien haben in liberalen Demokratien eine zentrale Kontrollfunktion. Die Akteur:innen des radikalisierten Konservatismus haben vielfältige Möglichkeiten gefunden, sich dieser Kontrolle zu entziehen. Einschüchterung und der Entzug von Informationen sind zwei der mächtigsten Instrumente. Donald Trump nutzte sie ganz unverhohlen, indem er etwa unliebsame Zeitungen und TV-Sender von seinen Pressekonferenzen ausschloss. Dazu zählen CNN, BBC und die *New York Times*.[147] Journalist:innen, die sich investigativ mit dem Trump-Team auseinandersetzten, wie Alexandra Chalupa – die als eine der Ersten die Verbindungen von Trump und dem Kreml untersuchte –, wurden nicht nur öffentlich von Trumps Team und Fox News diskreditiert, sondern zum Teil sogar persönlich angegriffen; Chalupas Auto wurde aufgebrochen, sie wurde gestalkt und erhielt Todesdrohungen, ebenso wie ihre Kollegin Sarah Kendizor, mit der sie den Trump-kritischen Podcast *Gaslit Nation* betreibt.[148]

Dass unliebsame Journalist:innen ausgeschlossen wurden, ist auch in Österreich vorgekommen. So durften etwa Mitarbeiter:innen des *Falter* nicht an einem Pressegespräch teilnehmen, nachdem die Wiener Wochenzeitung geleakte Files der ÖVP publiziert hatte.[149] Kurz und seine Partei verfügen allerdings zudem über viel subtilere Methoden, etwa die Medienförderung. Sie liegt in den Händen des engsten Kurz-Beraters, Gerald Fleischmann. Als Kanzleramtsbeauftragter ist er zugleich für die Außenkommunikation des Bundeskanzlers zuständig.[150] Die Person, die für die Medienpolitik der Republik generell verantwortlich ist, und jene, die den Kanzler ins beste Licht rücken soll, sind also identisch. Hinzu kommt, dass sich die Regierungen von Sebastian Kurz hohe Werbebudgets gönnen. Die türkis-grüne Regierung verdoppelte das ihrer Vorgängerin sogar noch einmal auf 45 Millionen Euro pro Jahr.[151] Zwei Drittel davon gehen an drei Boulevard-Zeitungen. Medien müssen bei kritischer Berichterstattung damit rechnen, dass ihnen Einnahmen wegfallen. Im Juni 2021 machte das Wochenmagazin *News* auf Twitter öffentlich, dass das Finanzministerium Werbeschaltungen in der VGN-Holding (zu der *News* gehört) nach einem kritischen *News*-Artikel (»Message Control – So mies geht's Türkis«) eingestellt habe.[152]

Es gibt aber auch andere Möglichkeiten der Bevorzugung, etwa mit Exklusiv-Inhalten oder dezidiert zur Schau gestellter Sympathie und Ungleichbehandlung. So wurde der rechtsextreme Nischenkanal One America News Network nur durch die unverhohlene Werbung von Präsident Trump populär.[153] Und in der Redaktion des im März 2021 von der ÖVP-Netzwerkerin und Unternehmerin Eva Schütz-Hieblinger gegründeten Online-Magazins *Exxpress* waren in den ersten Wochen gleich zwei ÖVP-Ministerinnen und ein Staatssekretär zu Gast. Ähnlich wie Fox News und später OANN, ist *Exxpress* Teil einer aktiv geförderten Parallelmedienwelt, in der kaum ein kritisches Wort über den Präsidenten oder den Kanzler fällt. Sie agieren im Modus der permanenten Wahlkampagne.

2.5 Mediale Inszenierung
Politik im permanenten Wahlkampfmodus

In Demokratien folgt das politische Leben klassischerweise dem Rhythmus vier- oder fünfjähriger Legislaturperioden mit recht klar abgegrenzten Phasen: Wahlkampf, Urnengang, (in Mehrparteiensystemen) Koalitionsverhandlungen, tagespolitisches Alltagsgeschäft unter der neuen Regierung. Der Zyklus endet nach der gesetzlich festgelegten Zeit oder wenn vorzeitige Neuwahlen ausgerufen werden.

Insbesondere die Phasen Wahlkampf und Alltagsgeschäft folgen je eigenen Regeln und sind geprägt von einem je eigenen Klima: Die Wahlkampagnen sind die Zeit des Badens in der Menge, der harten Forderungen, blumigen Versprechungen und markigen Sprüche. In der Phase des Regierens gibt es natürlich auch (bisweilen heftige) Auseinandersetzungen zwischen Regierung und Opposition; dennoch sind die Töne meist leiser; die Koalition muss zusammengehalten werden, Kompromisse sind notwendig, alle konzentrieren sich auf tagesaktuelle Sachthemen.

Vertreter:innen des radikalisierten Konservatismus wie Donald Trump, Boris Johnson oder Sebastian Kurz arbeiten nun aber gezielt darauf hin, die Unterschiede zwischen diesen Phasen zu verwischen und betreiben Politik im permanenten Wahlkampfmodus. Man ist stets darauf aus, mit spektakulären Aktionen oder sensationellen Versprechungen in den Umfragen kurzfristig ein oder zwei Prozentpunkte hinzuzugewinnen. Das Lösen tatsächlicher Probleme gerät in den Hintergrund. Auch die Opposition wird in die ständigen Scharmützel auf Twitter oder Facebook hineingezogen, die mediale Berichterstattung folgt den jeweils neuesten Angriffen, Entgegnungen und Provokationen, der öffentliche Diskurs verkommt zunehmend zu einer einzigen Schlammschlacht.

Das Spiel mit den Medien

Der geschickte Umgang mit verschiedensten Medien ist natürlich eine der wichtigsten Fähigkeiten von Politiker:innen. Pressesprecher:innen und Kommunikationsberater:innen kommt daher eine strategisch enorm bedeutende Funktion zu. Unter »normalen« Bedingungen schaffen es Politiker:innen mit vielen ihrer Inhalte nicht in die Berichterstattung. Sachorientierte Veranstaltungen und Vorschläge, die als zu komplex und damit langweilig erscheinen, finden kaum Beachtung. Ein Heer an Berater:innen arbeitet daran, solchen Themen dann doch Aufmerksamkeit zu verschaffen, und dabei kann es hilfreich sein, die Person in den Vordergrund zu rücken.

Diese Beziehung zwischen Person und Inhalt wird bei Kandidaten wie Trump auf den Kopf gestellt – sie selbst sind das Thema: Trump war eine Newsstory, egal was er gemacht oder gesagt hat. Seine schiere Präsenz im politischen Betrieb war eine permanente Sensation. Mit jeder Veranstaltung und jedem Tweet wurde der Hype größer, täglich wurde während des Vorwahlkampfes über ihn berichtet – ein Privileg, das kein:e Kandidat:in zuvor genossen hat. Trump hat, wie Ezra Klein treffend schreibt, seinen Gegner:innen den medialen Sauerstoff entzogen.[154] MSNBC, CBS, CNN und NBC haben Trump während des Präsidentschaftswahlkampfs auf Twitter doppelt so häufig erwähnt wie Hillary Clinton.[155]

Das Spiel mit den etablierten, seriösen Medien ist dabei genauso wichtig wie das Bedienen obskurer Nischenkanäle und Publikationsplattformen. Seit Anfang des zweiten Jahrzehnts des 21. Jahrhunderts gibt es in Europa und den USA eine Zunahme an publizistischen Projekten der Neuen Rechten bzw. der Alt-Right.[156] Sie tragen den – ohnehin kaum verhüllten – Rassismus und den Hype um die Person Trump in verstärkter Form in ein gesellschaftliches Spektrum, das sich im geistigen oder kulturellen Bürgerkrieg gegen die etablierten Eliten wähnt. Soziale Medien, insbesondere Twitter, erlaubten Trump, alles, was ihm in den Sinn kam, ungefiltert zu verbreiten. Seine Tweets wurden wiederum zum zentralen Inhalt der Berichterstattung. Ein Tippfehler in einem Tweet fand mehr Beachtung als die politischen Vorschläge des Gegenübers.[157]

Diese Nutzung der Sozialen Medien verändert den Umgang von Politiker:innen mit Parteien und auch die Gewichtung und Priorisierung von Nachrichten. Etablierte Journalist:innen des Printjournalismus verlieren immer mehr ihre Gatekeeper-Funktion für den polit-medialen Diskurs. Gleichzeitig entfallen Möglichkeiten der kritischen Nachfrage, der Einordnung und eben des Filterns von wichtig und unwichtig.

Aufregerproduktionsmaschine

Dauerhaft im Gespräch zu bleiben, lässt sich durch nichts besser erreichen als den ständigen Aufreger. Entweder, weil man ihn selbst produziert, oder, weil man sich in die Diskussion um ein Ereignis einschaltet und ihr einen passenden Spin verleiht. Der ehemalige Online-Chefredakteur des reichweitenstärksten Boulevard-Mediums in Österreich, der *Kronen Zeitung*, Richard Schmitt, hat diesen Mechanismus mit bestechender Offenheit beschrieben: »[E]s ist nicht schlecht, wenn man am Sonntag in der *Krone* ist […]. Aber genauso wichtig ist, dass ich am Mittwoch oder Donnerstag auf Facebook einen Aufreger habe. Wenn Strache einen normalen Bericht von uns auf Facebook teilt, dann merken wir, das haut die Quote auf das 1,5-Fache hoch. Und umgekehrt kriegt er natürlich auch mehr Traffic, wenn wir ihn pushen. So ein Doppelspiel ist natürlich für die anderen Parteien gefährlich. Und auch da nicht falsch verstehen: Das könnten ÖVP und SPÖ natürlich auch machen. Sie machen es aber nicht.«[158]

Seit Schmitt dies 2016 in einem Interview formulierte, hat sich die Welt gewandelt. Schmitt ist inzwischen Chefredakteur eines kleinen ÖVP-nahen Onlinemediums, Strache spielt keine und Facebook eine weniger zentrale Rolle. Und die ÖVP hat mittlerweile dazugelernt.

Der *Economist* nannte den auf diesem Mechanismus aufbauenden Wirtschaftszweig das »Aufreger-Business«.[159] Auf der einen Seite gibt es die kalkulierten wie ideologisch motivierten Politiker:innen, die ihre rechte Weltsicht verbreiten möchten. Auf der anderen Seite stehen Medien, die ihr Geschäftsmodell auf diese Aufreger aufgebaut haben.

Im Falle der US-amerikanischen Aufreger-Produzent:innen geht es um Themen wie Säkularisierung, die Verteidigung des Christentums, die heterosexuelle Kernfamilie, das Recht auf Waffenbesitz, das Verbot des Schwangerschaftsabbruchs, kurz, um alles, was sich für die Polarisierung der Gesellschaft nutzen lässt (siehe Kapitel 2.2). Aus dieser Aufreger-Industrie sind etwa Narrative wie der »War on Christmas« entstanden,[160] der vermeintlich einer links-liberalen Verschwörung gegen das Christentum und seine Bräuche entsprungen ist. Jedes winzige Zeichen von Inklusion (immerhin gibt es rund um das christliche Weihnachtsfest auch andere religiöse Feiertage wie das jüdische Chanukka) wird als Versuch gewertet, die eigene Identität zu zerstören – ein »Happy Holidays« wirkt aus dieser Perspektive wie ein Dolchstoß ins Herz des christlichen Abendlandes. So gehörte zu den vielen Versprechen, mit denen Trump 2015/16 in den Wahlkampf zog: »Wenn ich Präsident werde, dann werden wir alle wieder ›Merry Christmas‹ sagen.«[161]

In Österreich sorgt das vermeintliche Verbot, das Nikolausfest in öffentlichen Einrichtungen wie Kindergärten zu feiern, seit vielen Jahren immer wieder für Empörung.[162] Besonders FPÖ und BZÖ haben es regelmäßig mit rassistischen Narrativen verknüpft. So forderte eine BZÖ-Presseerklärung den Wiener Bürgermeister auf, das »schwachsinnige Nikolo-Verbot endlich aufzuheben«, da es sich der »Scheu vor einem möglichen Konflikt mit Zuwanderern aus dem islamischen Raum« verdanke.[163] Und die FPÖ erkannte hier einen Versuch, »Österreichs christlich geprägte Gesellschaft« zu verändern.[164]

Solche scheinbar banalen Aufreger haben reale Konsequenzen. Der norwegische Rechtsterrorist Anders Behring Breivik, der im Juli 2011 mehr als 90 Menschen tötete, führte in seinem Manifest das Wiener Nikolausverbot als einen Beleg an für den grassierenden Kulturmarxismus und die drohende Islamisierung Europas.[165]

Die Aufreger-Industrie bringt noch viele weitere Produkte hervor, die sie entsprechend inszeniert. Von der Angst vor einem angeblichen Schnitzelverbot (das auf einem Aprilscherz beruht, aber bis heute für bare Münze genommen wird)[166] oder dem Verbot von Schweinefleisch in Kindergärten[167] bis hin zu Falschinformationen und Verschwörungsideologien wie der Birther-Lüge, die besagt, Obama sei angeblich nicht in den USA geboren.

Trump hat die Aufreger-Industrie ins Herz der US-amerikanischen Demokratie gebracht. Sebastian Kurz hat die Aufreger-Industrie ins Herz der österreichischen Demokratie gebracht. Ihm gereicht zum Vorteil, dass er mit seiner ruhigen Persönlichkeit und seinem Auftreten von Anfang an als ernsthafter und seriöser Politiker gesehen wurde. Kurz und Trump übernehmen jedoch beide das rechtsextreme Spiel mit alten und neuen Medien. Ein spalterischer und auf Minderheiten abzielender, übertriebener Aufreger wird als Beleg für eine harte Wahrheit präsentiert, die endlich einmal jemand auszusprechen wagt. So nahm sich der damalige Außen- und Integrationsminister Sebastian Kurz ein halbes Jahr vor seiner Wahl zum ÖVP-Obmann des angeblichen Problems der »verbotenen Nikolausfeiern« an und fand dabei heraus, »dass es meist ›Politiker der SPÖ Wien‹ waren, die die Abschaffung betrieben«.[168] Während der Corona-Pandemie war Anfang Dezember 2020 eine der wichtigsten Inszenierungen, den Nikolaus für die Kindergartenkinder gerettet zu haben.[169] Im Pandemiejahr, auf dem Höhepunkt der desaströsen zweiten Welle in Österreich, hätte es erstmals tatsächlich zu einem Nikolaus-»Verbot« kommen können – und das wäre wohl auch vernünftig gewesen. Zu diesem Zeitpunkt waren in Österreich schon mehr als 3000 Menschen binnen zwei Monaten an einer Corona-Infektion gestorben. Aber die Inszenierung und das weitere Vorantreiben der Erzählung vom Nikolausverbot waren wichtig. Ähnlich agierte auch Donald Trump, der trotz Pandemie die Menschen aufforderte, sich zu Thanksgiving zu versammeln,[170] das nun neben Weihnachten ebenfalls angeblich von Linken bedroht sei.[171]

Riding the News Cycle

Medien berichten 24 Stunden am Tag, sieben Tage die Woche. Dabei gibt es eine Flut an Themen, Ereignissen und Aufregern. Diese werden als *breaking news* berichtet, Reaktionen und Gegenreaktionen folgen. Der Horizont reicht dabei oft nur bis zum nächsten Morgen, dann beginnt das Spiel von vorn.

Für Politiker:innen ist es wichtig, sich auf diesen sogenannten News Cycle einstellen und auch auf überraschende Meldungen schnell reagieren zu können. Eine Möglichkeit besteht darin, alles mit der eigenen Kernbotschaft zu verbinden. Leonhard Dobusch vom linken österreichischen Think Tank Momentum Institut hat das »News Cycling« genannt.[172] Sebastian Kurz beherrscht das wie kaum ein anderer: »Egal bei welchem Thema, Kurz stellt immer einen Bezug zu seinem Lieblingsthema her, seit 2015 ist das Migrationspolitik. Bildungspolitik? Problem ist der Anteil von Kindern mit nicht-deutscher Muttersprache. Sozialpolitik? Familienbeihilfe für Kinder im Ausland kürzen. Covid-Zahlen steigen nach dem Sommer? Kurz schließt wieder einmal die Balkan-Route (›Das Virus kommt mit dem Auto‹). Mit diesem Ansatz schafft es Kurz im Unterschied zu allen anderen, die sich temporär auf das jeweilige Thema einlassen, über den News Cycle hinweg eine ihm genehme Kernbotschaft zu verankern: Migration ist das Problem. Positiver Nebeneffekt: Kurz wirkt dadurch auch noch prinzipienfest.«[173] Außerdem muss Kurz nie über Ankündigungen und Symbolpolitik hinausgehen, denn wenn sie zur Einlösung kommen sollen, ist längst wieder ein anderes Thema aktuell.

Um zu jedem Zeitpunkt und bei jedem Thema die mediale Oberhand zu haben, werden Heerscharen an Kommunikationsmitarbeiter:innen installiert. So verfügt allein das Kanzleramt unter Sebastian Kurz in der türkis-grünen Regierung über 59 Mitarbeiter:innen in der Öffentlichkeitsarbeit.[174] Hinzu kommen eigene Mitarbeiter:innen eines jeden Ministeriums plus die Mitarbeiter:innen in der ÖVP und parteinahen Organisationen. Das ist eine PR-Stärke, mit der Oppositionsparteien nicht mithalten können, da sie auch nicht über das Inseratenbudget verfügen (siehe Kapitel 2.4).

Ein Beispiel für den kurzfristigen inszenatorischen Erfolg ist die Diskussion um die Aufnahme von zumindest 100 Kindern aus dem Flüchtlingslager Moria auf der griechischen Insel Lesbos, die im Herbst 2020 in Österreich geführt wurde (siehe Kapitel 2.1). Die Wogen gingen sehr hoch, das Thema bestimmte den medialen Diskurs. Im Sinne der News-Cycle-Logik suchte die ÖVP einen Befreiungsschlag. Nicht auf der Sachebene mit dem Aushandeln eines Kompromisses oder gar durch Nachgeben, sondern rein auf Ebene der Inszenierung. ÖVP-Innenminister Karl Nehammer charterte eine russische Militärtransportmaschine, ließ sich mit hochgekrempelten Hemdsärmeln im Laderaum fotografieren und begleitete persönlich den Transport, um Zelte und anderes angeblich dringend benötigtes Material nach Griechenland zu bringen. Material, nach dem niemand verlangt hatte und das auch nicht gebraucht wurde, wie sich einige Wochen später herausstellte.[175]

Ein weiteres Beispiel ist die Abschiebung von vier jungen Menschen zwischen fünf und zwanzig Jahren im Januar 2021 in Österreich. Die zwei Familien, deren Kinder hier geboren wurden bzw. sozialisiert sind, wurden mitten in der Nacht von Polizisten mit Hunden aus ihren Wohnungen geholt und bald darauf abgeschoben.[176] Dabei wurde, wie die ehemalige Justizministerin und Richterin am Europäischen Gerichtshof Maria Berger konstatierte, klar das Kindeswohl verletzt.[177]

Für die ÖVP war die Maßnahme ein willkommenes Manöver, um von der Frage nach der eigenen Involvierung in den Wirecard- und Ibiza-Skandal ablenken zu können. Der Drahtzieher des Ibiza-Videos ließ nämlich einen Tag vor der Abschiebung, am 26. Januar, breit medial verlautbaren, ihm seien von einem ÖVP-nahen Berater zwei bis drei Millionen Euro geboten worden, um (fälschlicherweise) zu behaupten, das Video sei von SPÖ oder NEOS in Auftrag gegeben worden.[178] Fast zeitgleich wurde publik, dass ein direkt im Kanzleramt angedockter Strategieberater bis Juni 2020 für den Finanzdienstleister Wirecard tätig gewesen war, der am 25. Juni im Zuge eines spektakulären Bilanzfälschungsskandals Insolvenz hatte anmelden müssen[179] – beides für die ÖVP sehr unangenehme Meldungen. Der mediale Diskurs verschob sich nun aber sofort auf die Abschiebungen, das brutale Vorgehen und die Debatte um die Rechtmäßigkeit und

Notwendigkeit dieser Maßnahmen. Anstatt zu beruhigen oder einen Ausgleich zu suchen, eskalierten Vertreter:innen der ÖVP – neben dem Innenminister selbst auch der Präsident des österreichischen Nationalrats (der eigentlich über der Parteipolitik stehen sollte) – die Diskussion weiter, indem sie öffentlich und offiziell die Mutter zweier der abgeschobenen Kinder zur Schuldigen erklärten und ihr vorwarfen, sie habe selbst das Kindeswohl missachtet.[180]

»Flood the zone with shit«

Immer weiter zu eskalieren, neue Aufreger zu produzieren, Banalitäten zu skandalisieren und Ablenkungsstorys zu lancieren – all das gehört zu einer Strategie, auf die Steve Bannons Diktum »flooding the zone with shit« gemünzt war. In seiner damaligen Funktion als Berater von Donald Trump im Wahlkampf 2016 hat er es als Motto ausgegeben: »Die wirkliche Opposition sind die Medien, und man wird mit ihnen fertig, indem man den Raum mit Scheiße flutet.«[181] Durch das Überangebot an Meldungen, Nachrichten und Aufregern wird es für die Öffentlichkeit und die professionellen Medien schwierig zu entscheiden, welche davon relevant sind. Die Meldungen können ganz unterschiedlicher Qualität sein. Wichtiger als der Inhalt ist die schiere Menge. Etablierte Medien werden genötigt, dem nachzugehen, zu recherchieren und Bestätigungen einzuholen. So werden ihre Kräfte und Ressourcen gebunden; sie sind gezwungen, den Fokus ständig zu verschieben.

Letztlich handelt es sich dabei um einen Kampf gegen das etablierte Mediensystem. Sean Illing hat das fabrizierten Nihilismus genannt.[182] Es gibt zu viel Content, zu viele Aufreger, die Unterscheidung von Fakten und Fiktion dauert zu lange, und irgendwann entsteht der Eindruck, sie sei gar nicht mehr möglich. Zumal es ja auch viele Zwischenstufen gibt. Also reale Begebenheiten, die aufgeblasen werden, sodass aus der Verzerrung die Lüge entsteht, wie bei der E-Mail-Affäre um Hillary Clinton (siehe Kapitel 2.2). Daneben stehen frei erfundene Geschichten, etwa die Story um einen Uran-Verkauf durch Clinton an Russland, die Steve Bannon der *Times* zugespielt hat.[183] Ebenso effektiv kann es sein, Fakten in Abrede zu stellen; so leugnete Trumps Kommunikationsstrategin Kellyanne Conway in einer TV-Diskussion mit Chris Cuomo die bekannte Tatsache, dass Trump an zwei Frauen, mit denen er sexuelle Beziehungen gehabt hatte, bereits 2016 Schweigegeld gezahlt hatte.[184] All das trägt zur Überflutung des medialen Diskurses und letztlich zu seiner Zerstörung bei. Berechnungen von *Politifact* zufolge waren gerade einmal 12 Prozent von Trumps Aussagen wahr oder größtenteils wahr.[185] Seit Beginn seiner Präsidentschaft bis zum 10. Dezember 2019 hat er 15 413 falsche oder irreführende Behauptungen verbreitet.[186]

Die etablierten Medien kamen kaum hinterher und tappten in die Both-Sides-Falle. Dafür genügt es, dass eine Seite abstruse und absurde Behauptungen aufstellt. Diese werden dann gleichberechtigt mit der Entgegnung oder Fakten berichtet. Das führt zu einer Vermengung von Fakten und Fake News.

2.6 Jenseits der Wahrheit Parallelrealitäten

Die Akteur:innen des radikalisierten Konservatismus haben nicht mehr nur politische Anhänger:innen, sondern echte Fans, ja Superfans – in popkulturellen Zusammenhängen nennt man sie *stans* und die entsprechende Aktivität *to stan*. Die *stan culture* ist in den Sozialen Medien so virulent geworden, dass diese umgangssprachlichen Begriffe Einzug in Wörterbücher der englischen Sprache *(Cambridge, Oxford, Merriam-Webster)* gefunden haben.

Übertragen auf das Feld der Politik heißt das, dass man nicht mehr nur eine Partei oder Politiker:innen wählt, sondern ihnen bedingungslos folgt. Diese Fans sind nicht länger Teil einer politischen Auseinandersetzung, in der um Ideen, Maßnahmen oder die richtige Politik zur Verfolgung eines gemeinsamen Ziels gestritten wird, sondern sie binden sich direkt an eine Person. Privates und Politisches verschwimmen, persönliche Meinung, wissenschaftliche Erkenntnis und politische Forderungen geraten zu einem einzigen Brei. Alles, was die Person, die Objekt der Fanbegierde ist, in Angriff nimmt, ist richtig, alles, was sie sagt, ist wahr. Jede Kritik oder abweichende Meinung ist illegitim. Trump drückte das sehr offen noch während seines Wahlkampfs 2016 so aus: »Ich könnte mitten auf der 5th Avenue stehen und jemanden erschießen, und ich würde keine Wähler verlieren.«[187]

Ich mach mir die Welt, wie sie mir gefällt

Wer über eine solche Gefolgschaft verfügt, wird für seine Anhänger:innen zur einzig gesicherten Quelle der Realität, ja geradezu unfehlbar und kann seine eigene Geschichte spinnen. Alles, was dort nicht hineinpasst, ist Fake News. Die Wirklichkeit wird durch eine Parallelrealität ersetzt. Darin ist der Anführer ständig umgeben von Gefahr und Verrat. Er ist auf die Mithilfe seiner Getreuen angewiesen. Nur so ist es möglich, dass er gleichzeitig extrem mächtig (als Präsident oder Regierungschef) und bedroht ist. Er ist Opfer und Superheld zugleich. In den eigenen Medienkanälen wird stets von dunklen Mächten geraunt, die dem starken Mann an der Spitze Schlechtes wollen und nur danach trachten, ihn aus seiner Position zu drängen.

Beispielhaft dafür ist der Umgang der ÖVP mit dem Ibiza-Skandal, der im Mai 2019 zur Aufkündigung der Koalition und zur Ausrufung von Neuwahlen führte. Ende Juni wurde eilig eine Pressekonferenz einberufen. Dort ließ Kurz verlauten, die ÖVP habe nichts mit dem Skandal zu tun und alle gegenteiligen Meldungen seien falsch.[188] Eine bemerkenswerte Vorgehensweise, denn bis dato hatte niemand in der breiten Öffentlichkeit einen solchen Vorwurf erhoben. Auf Instagram bereitete der damalige ÖVP-Generalsekretär Karl Nehammer die Anhänger:innen auf heimtückische Angriffe vor und schärfte ihnen ein: »Was auch immer ihr jetzt Verdächtiges im Internet findet, das die Volkspartei, Sebastian Kurz diskreditieren sollte, informiert uns!«[189]

Im Juli desselben Jahres wurde bekannt, dass ein Mitarbeiter nach Kurz' Abwahl unter falschem Namen Festplatten aus dem Kanzleramt hatte schreddern lassen.[190] Das ist insofern bemerkenswert, als es sich hierbei um Daten handelte, die laut Gesetz hätten archiviert werden müssen. Die ÖVP gestand zwar Fehler ein, aber keine gravierenden. Vielmehr beklagte man eine Hexenjagd auf den Mitarbeiter. Nach kurzer Suspendierung wurde er wieder im Kanzleramt eingestellt,[191] wo er bis heute (Stand Juli 2021) arbeitet.

Im September berief die ÖVP dann eilig ein Hintergrundgespräch ein, um zu verkünden, dass ihre E-Mail-Server gehackt worden seien und die Täter:innen nicht nur Informationen abgezogen, sondern diese auch verfälscht hätten.[192] Als Beispiel wurden Budgetposten (für den Ankauf von Kugelschreibern) angeführt, die in einem Excel-Dokument in andere (falsche) Zeilen verschoben worden seien. Eine sehr präzise und bemerkenswert uninteressante Aufgabe für Meisterhacker:innen mitten im Wahlkampf.

All diese drei Begebenheiten haben noch etwas gemeinsam: Es ist völlig unmöglich, die Wahrheit herauszufinden. Die ÖVP hat eine eigene Erzählung gesponnen, die nicht mehr nach Kategorien wie Wahrheit, Lüge, Aufklärung oder Verschleierungen funktioniert. Es ist eine Parallelrealität, in der konzise und kohärent erzählt wird, dass es undefinierte, dunkle und schmutzige Mächte gebe, die es nur darauf abgesehen haben, Kanzler Kurz zu Fall zu bringen – mit allen gemeinen Tricks und Intrigen. Die Opposition und »die Medien« (sofern sie schlecht über Kurz berichten) seien Teil dieser Mächte, deswegen dürfe man ihnen nicht trauen. Einzig auf die direkte Kommunikation von Kanzleramt und ÖVP sei Verlass. Das, was die ÖVP sage, gelte, alles andere seien Fake News.

Der Fake-News-Vorwurf ist unter den Akteur:innen des radikalisierten Konservatismus überaus beliebt. Trumps Beraterin Kellyanne Conway etwa führte »alternative facts« ins Feld,[193] die sie im Streit um die Besucherzahlen bei Trumps Amtseinführung (siehe Kapitel 2.4) den offiziellen Fakten der Nationalparkbehörde gegenüberstellte. Damit wird die geteilte Realität als Basis jeder Verständigung schlicht negiert.

Mit der kontinuierlichen Betonung und Erschaffung einer »alternativen Realität« führt man die eigenen Anhänger:innen in eine Blase, in der sie für einen vielstimmigen, kritischen politisch-medialen Diskurs nicht mehr erreichbar sind. Sebastian Kurz und die ÖVP haben immer recht – und wenn sie nicht recht zu haben scheinen, kann dieser Eindruck nur durch Lüge und Betrug hervorgerufen worden sein. Durch diese Selbstimmunisierung macht die ÖVP sich unangreifbar, und auch Sebastian Kurz ist mit den gängigen journalistischen Mitteln nicht mehr beizukommen. Durch den Rückzug in die eigene Welt kann die ÖVP Emotionen wie Empörung oder Angst bei den eigenen Fans nach Belieben hoch- und runterfahren. Man kann immer auf eine bekannte Erzählung zurückgreifen. Das ist mehr als Lüge – es ist Gegenrealität.

Trump und QAnon

Donald Trump ist mit der Schaffung einer Gegenrealität noch weiter gegangen. Der Kitt, der alles zusammenhält, ist der Glaube, dass Trump nicht nur ein Politiker, sondern eine Heilsfigur sei. Dieser Glaube basiert bei vielen Trump-Anhänger:innen auf der Verschwörungsideologie QAnon. QAnon wiederum fußt auf Pizzagate, einer Verschwörungserzählung, in der eine Pizzeria in Washington, D. C., als Zentrale eines geheimen Kindesmissbrauchsring diente. Betrieben wurde dieser Ring angeblich von keiner Geringeren als Hillary Clinton.[194]

Nach einem gescheiterten Anschlagversuch auf ebendiese Pizzeria formte sich das Narrativ der pädophilen Eliten, die Teil einer umfassenden Verschwörung seien, zu QAnon. Mit wirren Prophezeiungen und Rätseln meldet sich immer wieder eine Person, die sich als »Q« bezeichnet und vorgibt, aus dem tiefsten Inneren des politisch-militärisch-geheimdienstlichen Komplexes zu berichten. Die kurzen Botschaften sind umweht vom schönen Schauer des Geheimnisverrats.

QAnon funktioniert wie ein Kult mit repetitiven Sprüchen, einer einfachen Schwarz-Weiß-Zeichnung der Welt, einem Führer (Q) sowie der Aussicht auf Erweckung und Erlösung. Donald Trump sei der Auserwählte, ein Heiland, der das Unrecht beenden könne und über das Böse siegen werde. Das Böse ist in diesem Fall ein weltweit agierender Ring, dem kulturelle, mediale und politische Eliten angehören.

Trump selbst distanziert sich von diesen klar antisemitischen Vorstellungen auch auf Nachfrage nicht. Über QAnon wisse er nicht viel – nur dass die Anhänger:innen »unser Land lieben« und dass sie ihn »sehr gern haben«.[195] Auf die Frage, was er denn von der Auffassung halte, er werde die Welt vor einem satanischen Kult von Kannibalen und Pädophilen retten, antwortete er: »Wäre das denn schlecht? Wenn ich helfen kann, die Welt vor Problemen zu retten, mache ich das gern. Ich bin bereit, mich persönlich dafür einzusetzen. Und das tun wir. Wir bewahren die Welt vor einer radikal linken Gesinnung.«[196]

Immer wieder sendet Trump unmissverständliche Botschaften an den vermeintlichen Narrensaum der Gesellschaft. So wurde er bei einem Wahlkampfduell mit seinem Kontrahenten Joe Biden für die Präsidentschaftswahl 2020 gefragt, ob er sich von rassistischen Gruppen distanzieren möchte. Konkret angesprochen auf die rechtsextreme Gruppierung Proud Boys antwortete er: »Stand back and stand by«, also: »Haltet euch zurück und haltet euch bereit«.[197] Diese Signale werden natürlich erkannt und steigern den Enthusiasmus. Es gibt kein Zurückweichen und keine Defensive, sondern den Rausch der ständigen Offensive. Mit Wucht schlägt man Schneisen in das demokratische System. Das hat sich nicht zuletzt beim Sturm aufs Kapitol am Dreikönigstag 2021 gezeigt. Ein aufgeheizter Mob von Trump-Anhänger:innen, darunter Veteran:innen und aktive Angehörige der Sicherheitskräfte, stürmte nach einer Rede Trumps das Zentrum der US-amerikanischen Demokratie.[198] Sie agierten alle in dem Glauben, sie müssten sich an einem korrupten System rächen, das ihnen die Wahl »gestohlen« habe.

Die Gegenrealität von der gestohlenen Wahl hält Trump bis heute aufrecht. In einer Rede am 5. Juni 2021 beim Parteitag der Republikaner in North Carolina unterstrich er abermals: »Es gibt kein besseres Beispiel für die Korruption der Demokraten und der Medien als den Wahlbetrug von 2020. Wie Sie wissen, sind die Beweise so erdrückend, dass man sie gar nicht anführen muss.«[199]

Lösung von fiktiven Problemen

Zu diesen Parallelrealitäten gehört auch das Lösen von Problemen, die exklusiv von der Führungsperson selbst als solche erkannt wurden. Auf ein fiktives Problem folgt eine fiktive Lösung. Diese Vorgangsweise birgt den Vorteil, dass man sich nie um die Lösung echter Probleme bemühen muss und sich immer dann, wenn man es gerade medial braucht, ins Rampenlicht rücken kann. Diese Methode ist tief verankert in der Strategie, sich der Dynamik des News Cycle zu bedienen (siehe Kapitel 2.5).

Sebastian Kurz ist ein Meister darin. Er hat vermeintlich die Balkanroute geschlossen, den politischen Islam besiegt, der EU erklärt, wie man richtig impft, dieselbe radikale Moschee mehrfach geschlossen, und immer wieder greift er bei längst in die Wege geleiteten Dingen energisch durch. Und wenn nicht, dann erfindet er exklusive Lösungen in einer Pandemie, von denen weder sein Vizekanzler noch sein Gesundheitsminister etwas wissen: Einen Tag nach einer gemeinsamen Pressekonferenz mit ihnen gab Kurz im Fernsehen bekannt, dass es vor Weihnachten österreichweite Massentests geben werde – niemand war davon vorher unterrichtet worden, entsprechende Vorbereitungen mussten dann ad hoc getroffen werden. Zuvor hatte er bereits exklusiv angekündigt, noch im April würden 300 000 Dosen des Sputnik-Impfstoffes aus Russland geliefert.[200] Doch nichts geschah. Sputnik erhielt weder von der Europäischen Arzneimittel-Agentur die Zulassung noch eine nationale Notzulassung. Nach einer parlamentarischen Anfrage der NEOS erklärte Kurz Anfang Juni schließlich, er habe mit der Impfstoffbeschaffung nichts zu tun.[201]

Und natürlich triggerte er auch im Verlauf der Corona-Pandemie immer wieder sein Lieblingsthema, um ein echtes Problem so zu präsentieren, dass daraus ein fiktives wurde. Als Ende 2020 die Diskussionen rund um den Tiroler Wintersportort Ischgl und die Versäumnisse zu Beginn der Pandemie in Österreich wieder hochkochten, kam prompt die Retourkutsche, und Kurz behauptete, Österreich habe das Virus fast besiegt, bevor es von »Reiserückkehrern aus dem Balkan wieder eingeschleppt« wurde (siehe Kapitel 2.1).[202] Und als Anfang Januar über unzureichende Prävention in den Wintersportorten diskutiert wurde, gab das ÖVP-geführte Innenministerium Mobilfunkdaten an die Medien, die belegen sollten, dass die Rodelhügel vor der Stadt vor allem von Einwohner:innen eines großen Wiener Bezirks mit hohem Migrationsanteil besucht würden. Eine konservative Tageszeitung nahm das auf und berichtete: »Das deckt sich laut Bürgermeister Hermann Doppelreiter, Lokalbetreibern und anderen Verantwortlichen am Semmering mit den Beobachtungen von Sonntag, wonach eine große Zahl der Gäste anscheinend auch Migrationshintergrund hatte. [...] Nicht der klassische Skitourist steht in Zeiten von Corona am Semmering an erster Stelle«; der kleine Skiort sei »regelrecht von den Massen überrannt« worden.[203]

Diese Form der Aufmerksamkeitsverschiebung bezeichnet man auch als *dog whistling* – eine Nachricht wird so verpackt, dass nicht alle Zuhörer:innen die Obertöne bemerken; bestimmte Menschen aber verstehen, was gemeint ist. In diesem Falle die rassistischen Botschaften und das Markieren von Sündenböcken: Nicht »wir«, sondern die Reiserückkehrer:innen vom Balkan sind schuld; nicht »der klassische Skitourist« ist der Superspreader, sondern der rodelnde muslimische Mob; nicht die Maßnahmen der Bundesregierung (etwa die Abschaffung der Maskenpflicht über den Sommer 2020) haben das Infektionsgeschehen in die Höhe getrieben, sondern eine klar markierte Gruppe von ohnehin schon marginalisierten Menschen, die uns alle gefährden. Kurz verschiebt mit der Benennung eines imaginierten Problems und mit der darin implizierten Lösung (harsche Maßnahmen, sodass ein Besuch der Familie am Balkan nicht mehr möglich sein wird) den Fokus und lässt so ein Bild der Realität entstehen, das in den von ihm gesetzten Rahmen passt.

Donald Trump betrieb dieses Spiel ebenfalls virtuos. Nicht zuletzt seine zentrale Wahlkampfforderung 2016 nach dem Bau der Mauer zwischen den USA und Mexiko war genau so konzipiert. Ganz gleich, ob diese Mauer faktisch etwas nützen würde, ganz gleich, ob es überhaupt möglich wäre, sie zu bauen, und selbstverständlich abgesehen davon, ob es moralisch, ökonomisch, ökologisch oder politisch vertretbar wäre, das zu tun – wie eine Hundepfeife ruft der Schlachtruf »Build the wall!« rassistische Rauschgefühle hervor. Man kann jedes Problem mit dieser Mauer lösen. Man kann sie immer und immer wieder ins Spiel bringen. Es geht den radikalisierten Konservativen nicht um das Lösen realer Probleme. Es geht darum, Leidenschaften zu bedienen.

3. Ausblick: Weimar Calling

Ein Blick in die Geschichte zeigt, dass die beschriebenen Entwicklungen so neu nicht sind. Nach dem Ersten Weltkrieg befand sich die Welt in einem Unruhezustand, und viele Dinge gerieten in Bewegung. In seinen Erinnerungen *Die Welt von Gestern* (1942) beschreibt Stefan Zweig die zwanziger Jahre als einzigen Rausch. Die organisierte Arbeiter:innenschaft wurde zum bestimmenden, für Konservative, Deutschnationale und Faschist:innen jedoch bedrohlichen politischen Faktor. Gleichzeitig kamen, vor allem in den Städten, Emanzipationsbewegungen auf. Frauen und Homosexuelle kämpften für ihre Rechte, politische Bildungs- und Freizeitvereine erhielten Zulauf.

Aus konservativer Sicht war die Welt aus den Fugen geraten: Mit der Monarchie war das »goldene Zeitalter der Sicherheit«, in dem »der Staat selbst der oberste Garant dieser Beständigkeit« schien, einer Welt der sichtbaren Vielfalt gewichen, so Zweig weiter.[204] Arbeiter:innen erhielten guten und günstigen Wohnraum, Fabrikbesitzer:innen konnten ihre Beschäftigten nicht mehr nach Belieben ausbeuten, gleichzeitig wurde in den Kabaretts mit den Geschlechterrollen gespielt, während Sozialwissenschaftler:innen an den Universitäten die Missstände der Zeit untersuchten.

All dies war aber nicht nur eine Überforderung auf kognitiver und moralischer Ebene, es bedeutete vor allem den Verlust der Interpretationshoheit und von Macht. Nun gab es für den politischen Konservatismus mehrere Möglichkeiten, damit umzugehen. Ein Weg bestand darin, den Ausgleich zu suchen und so Teil des politischen Konsenses zu werden, der nach links gerutscht war. Eine weitere Möglichkeit wäre gewesen, in Schockstarre zu verfallen und schlussendlich in die politische Bedeutungslosigkeit zu versinken, weil man letztlich keine Möglichkeit zur Bearbeitung der Wirklichkeit mehr fand. Oder eine radikale Frontstellung zu beziehen und aktiv an der Zerstörung dieses sich neu findenden Konsenses zu arbeiten. Diese dritte Möglichkeit lief auf eine – mindestens temporäre – Übereinkunft mit jenen Kräften hinaus, die ebenfalls in dieser Frontstellung standen: den Faschist:innen.

Die Annäherungen zwischen Konservativen und Faschist:innen erfolgte nicht nur auf formal-politischer Ebene (Schlüsselfiguren in Deutschland waren etwa Franz von Papen, ohne den die Machtübernahme der NSDAP so nicht möglich gewesen wäre, oder Reichspräsident Paul von Hindenburg, der ebenfalls von der Annahme eines kontrollierbaren Faschismus ausging und glaubte, die NSDAP sei einhegbar und würde sich, einmal an der Macht, zu einer normalen Partei wandeln), sondern auch und vor allem auf kultureller Ebene, also der Ebene der Öffentlichkeit.

Dort gab es schon früh Faschisierungsdynamiken des Konservatismus: Der umkämpfte akademische Raum wurde gegen das Eindringen von Frauen, Juden und Jüdinnen, aber auch Angehörigen nichtbürgerlicher Schichten verteidigt; Nischen- und Spezialzeitschriften machten gegen jegliche Emanzipationsbewegungen sowie die organisierte Arbeiter:innenschaft mobil. Die Autor:innen und Herausgeber:innen waren nicht nur völkische, deutschnationale oder eben nationalsozialistische Akteur:innen, sondern auch solche, die tief im Konservatismus verankert waren. Für eine der in diesen Kontext gehörenden Strömungen hat sich die Bezeichnung »Konservative Revolution« etabliert.

Konservative Revolution

Der Schweizer Publizist Armin Mohler prägte mit seiner 1949 veröffentlichten Dissertation – die bis heute immer wieder (zuletzt unter Mithilfe des neurechten Historikers Karlheinz Weißmann) überarbeitet wurde – diesen Begriff als Bezeichnung für ein loses Netzwerk von Rechtsintellektuellen und faschistischen Denkern der Weimarer Republik.[205] Dazu gehören Autoren und Philosophen wie Arthur Moeller van den Bruck, Carl Schmitt, Oswald Spengler, Edgar Julius Jung, Hans Freyer, Othmar Spann, Otto Strasser, Ernst Niekisch und Ernst Jünger.[206]

Gemeinsam ist den Protagonisten der Konservativen Revolution – trotz mancher Differenzen im Detail – eine strikt antiparlamentarische und antidemokratische Haltung. Das junge demokratische System erschien ihnen als dekadent. Es verschaffe den falschen Menschengruppen (neue) Möglichkeiten. Sie wollten es überwinden und durch ein (mindestens) autoritäres, strikt hierarchisches ersetzen. Aus Buchtiteln wie *Die Herrschaft der Minderwertigen* (1927) von Edgar Julius Jung oder *Jahre der Entscheidung* (1933) von Oswald Spengler spricht bereits die Verachtung für die Demokratie und ein Kult der Gewalt.

Intellektuell und sprachlich rüsteten die Konservativen Revolutionäre zu einem Entscheidungskampf gegen die ihnen verhasste Welt. Sie verband aber nicht nur eine gemeinsame Geisteshaltung und Weltsicht, sondern auch eine klar bürgerliche (und oftmals stark christliche, zum größten Teil katholische) Herkunft:[207] (Vorrangig) Männer der sozialen und Bildungselite nutzten ihre privilegierte Position, um gegen Demokratie und Parlamentarismus zu agieren. Es waren keine »Modernisierungsverlierer«, sondern (geistige) Besitzstandswahrer, die sich die besitz- und machtlosen Massen vom Leib halten wollten.[208]

Kulturell – etwa bezogen auf Geschlechterbeziehungen oder auf Form und Funktion der Kunst – vertraten sie durchaus reaktionäre Ansichten; politisch aber wollten sie keine bloße Restaurierung der untergegangenen Ordnung, sondern vorwärts in der Geschichte. Dieser Gedanke der nach vorne gerichteten Systemüberwindung ist ein deutlicher Anknüpfungspunkt an den Faschismus. Dies zeigt sich auch an der intensiven Auseinandersetzung mit dem Sozialismusbegriff und den Versuchen, ihn der politischen Linken zu entreißen und nach rechts umzudeuten.[209] Schon 1919 gab Oswald Spengler die Schrift *Preußentum und Sozialismus* heraus, die eine Art Volksgemeinschaftssozialismus beschwor.

Dabei blieb das Verhältnis zum Nationalsozialismus und zur NSDAP ambivalent. So verfasste Edgar Julius Jung, der neben seiner publizistischen Tätigkeit auch Redenschreiber und politischer Berater Franz von Papens war, mit dessen programmatischer Marburger Rede vom 17. Juni 1934 einen der Schlüsseltexte des dem Nationalsozialismus gegenüber kritisch eingestellten Flügels der Konservativen Revolution. Papen und Jung forderten mehr Pressefreiheit und ein Ende der Gewaltexzesse der SA. Gleichzeitig stellten sie sich gegen eine Revolution von unten, deren Gefahr sie in der NS-Herrschaft ebenfalls sahen. Eine Ablehnung des rabiaten Antisemitismus oder reaktionärer Vorstellungen der NS-Ideologie sucht man allerdings vergeblich – es ist keine antifaschistische Grundhaltung, die den Dissens mit dem Nationalsozialismus hervorruft. Gleichwohl ist es ein Dissens.

Die Konservative Revolution in ihrer Gesamtheit

befand sich weder in Opposition[210] zum Nationalsozialismus, noch ging sie in ihm auf. Das zeigt sich auch am Schicksal ihrer Vertreter: Edgar Julius Jung etwa wurde am 25. Juni 1934 von der Gestapo verhaftet und sechs Tage darauf ermordet; Carl Schmitt hingegen machte als »Kronjurist des Dritten Reiches« Karriere und legitimierte sowohl den sogenannten Röhm-Putsch als auch die »Nürnberger Rassengesetze«.

Black Vienna

Eine ähnliche Dynamik gab es auch im intellektuellen Bürgertum in Wien. Janek Wasserman hat sie in seinem exzellenten Buch *Black Vienna. The Radical Right in the Red City, 1918-1938* nachgezeichnet. Er beschreibt darin die intellektuelle, akademische und konservative Rechte der Zwischenkriegszeit, die sich in Frontstellung zur mächtigen Sozialdemokratie, zum »roten Wien«, sah.

Die Sozialdemokratie war in demokratischen Wahlen bis heute (Stand 2021) stets die stärkste politische Kraft in der österreichischen Hauptstadt. In den Jahren 1919-1934 setzte die Sozialdemokratische Arbeiterpartei Deutschösterreichs (SDAP), die Vorgängerin der Nachkriegs-SPÖ, tiefgreifende kommunale Reformen um, sei es auf dem Gebiet der Gesundheits-, Bildungs- oder Sozialpolitik. Außer in den sozialen Wohnbau – damals entstanden die ausgedehnten Wiener Gemeindebauten – wurde in das Gesundheits- und Sozialwesen, in Kindergärten, Kinderfreibäder und Ferienlager, in Kultur und Sport investiert.

Es waren nicht immer nur monumentale Projekte. Das Windelpaket für Neugeborene existiert bis heute (inzwischen allerdings ist es ein Rucksack). Der Gedanke dahinter war, dass kein Kind in Zeitungspapier eingewickelt werden sollte, weil das Geld für Windeln fehlte. Überbracht wurde es von einer Sozialarbeiterin, die zugleich nach dem Befinden von Kind und Mutter sehen konnte – das Projekt des roten Wiens ist nur in der Zusammenschau von Makro- und Mikroebene zu verstehen. Finanziert wurden die Maßnahmen unter anderem durch kommunale Luxussteuern, zum Beispiel auf Champagner.

Die Schnelligkeit und Konsequenz der Umsetzung brachten Konservative und die extreme Rechte in einen Zustand zwischen Fassungslosigkeit, Existenzangst und schäumender Wut. Der (Klassen-)Hass durchzog dabei das völkische wie das konservative Lager. Letzteres war keineswegs eine passive oder marginalisierte Gruppe. Quantitativ und bei demokratischen Wahlen war der Konservatismus der Sozialdemokratie in Wien zwar unterlegen, aber seine Anhänger:innen gehörten den Bildungs-, Sozial- und kulturellen Eliten an. So ist es nicht verwunderlich, dass sie sich vor allem rund um die Universität gruppierten. Besonders zu erwähnen sind hier die seit 1892 bestehende Leo-Gesellschaft, die 1918 (zunächst unter dem Titel *Die Monarchie*) gegründete (und im selben Jahr umbenannte) Zeitschrift *Das neue Reich*, *Die schönere Zukunft* (ab 1925) oder auch die Zeitung *Reichspost*.[211]

Trotz einiger Unterschiede gab es auch hier starke verbindende Ideologeme: rabiater Antisemitismus, Deutschnationalismus, völkischer Autoritarismus und Korporatismus sowie Antimodernismus bzw. eine antiaufklärerische Haltung. Erklärter Feind war die Sozialdemokratie. Diese weltanschaulichen Eckpfeiler teilten Konservative mit der völkischen Rechten. Wasserman spricht deswegen bis Anfang der dreißiger Jahre nicht von unterschiedlichen Lagern, sondern von einem einzigen rechten Block.[212]

Erst Ende der zwanziger, Anfang der dreißiger Jahre traten die Differenzen zwischen völkischen und konservativen Rechten deutlicher hervor, als es unterschiedliche Machtinteressen gab. In deren Folge entwickelte sich die Christlichsoziale Partei (CSP) im Verbund mit den faschistischen Heimwehren zur Vaterländischen Front, und Bundeskanzler Engelbert Dollfuß wurde 1933 nach einem Staatsstreich zum austrofaschistischen Diktator. Seine Regierung verbot zunächst die Kommunistische Partei Österreichs (KPÖ), dann die »Nationalsozialistische Deutsche Arbeiterpartei Österreichs – Hitlerbewegung«, die

Schwesterpartei der NSDAP. Im Februar 1934 kam es zu bewaffneten Angriffen der Polizei, des Militärs und der paramilitärischen Heimwehren auf sozialdemokratische Organisationen, die in der Folge ebenfalls verboten wurden.

Der Austrofaschismus regierte autoritär, antiparlamentarisch und ohne Opposition – ihre Vertreter:innen wurden eingesperrt und umgebracht. Die Demokratie wurde in Österreich zuerst von der konservativen Rechten zertrümmert und durch den sogenannten Ständestaat ersetzt. Das Verhältnis zum Nationalsozialismus war ambivalent. Dollfuß wurde 1934 im Zuge eines Putschversuchs von illegalen Nationalsozialisten ermordet. Sein Nachfolger Kurt Schuschnigg suchte ab 1936 mit dem März-Abkommen die (strategische) Annäherung an das nationalsozialistische Deutschland.

Rechte Feindbestimmung und intellektuelle Zweckbündnisse

Sowohl die Konservative Revolution der Weimarer Republik als auch das Schwarze Wien der Zwischenkriegszeit sind Beispiele für radikalisierten Konservatismus. In historisch unruhigen Zeiten entstehen in konservativen Kreisen Faschisierungsdynamiken inner- und außerhalb des Parlaments.

Dieses Phänomen kann nur begriffen werden, wenn man das intellektuelle Umfeld betrachtet. Dazu gehören Angehörige akademischer und kultureller Eliten, die nicht nur in der Mitte der Gesellschaft standen, sondern an deren Spitze. Die von ihnen geteilte Krisendiagnose betraf eher die kulturelle Ebene. Ein rabiater Antisemitismus bildete in vielen Fällen die ideologische Brücke zur völkischen Rechten. Mit dieser teilte man auch den Marxismus als Hauptfeind. Der zügellose Hass auf Parlament, Demokratie und Republik resultierte aus einem real erfahrenen Machtverlust nach dem Ersten Weltkrieg. In einer Demokratie durften plötzlich Menschen mitreden, die vorher keine Stimme hatten. Schlimmer noch, ihre Stimme galt bei Wahlen genauso viel wie die von allen anderen. Diese Gleichheit ist aus Sicht von politischen Kräften, die von Ungleichheit leben, nicht hinnehmbar.

Faschismus ist nicht nur ein materielles Versprechen der sozialen Absicherung auf der Basis völkischer Zugehörigkeit, sondern auch ein geistiges Versprechen von kultureller, nationaler und/oder völkischer Wiedergeburt. Der voll ausgeprägte Faschismus ist das Resultat eines Prozesses, bei dem es nicht nur einen direkten Weg, sondern Allianzen, Misch- und Halbformen, (strategische) Partner und Nachahmer gibt. Die konservative Faszination für den Faschismus hat eine entscheidende Rolle bei dessen Etablierung gespielt. Sowohl die Akteure der Konservativen Revolution als auch die Protagonisten des Schwarzen Wien (bzw. des späteren Austrofaschismus) konnten mit dem italienischen Faschismus mehr anfangen als mit dem Nationalsozialismus. Wenngleich manche von ihnen die (teilweise) Ablehnung des Nationalsozialismus sogar mit dem Leben bezahlten, waren es ideologisch gesehen Grabenkämpfe innerhalb desselben Lagers. Man glaubte, ein Stück des Weges gemeinsam gehen zu können und war sich über das grundsätzliche Ziel sowie die Gegner:innen einig: Der Feind steht immer links.

Und wo bleibt das Positive? – Nachwort

Es ist nicht angenehm, in einer Zeit zu leben, in der das Alte untergeht und das Neue noch nicht da ist. Darauf mit dem Versuch zu reagieren, zu einer verklärten Normalität zurückzukehren und die Vergangenheit zu idealisieren, ist verlockend. Doch wenn wir ehrlich sind, hat auch schon diese Normalität nicht funktioniert. Vielmehr hat sie erst das Jetzt hervorgebracht. Der Nachkriegswohlfahrtsstaat mit seiner Sozialpartnerschaft und den großen Koalitionen, mit seinem Kult der *bipartisanship* und den immer gleichen grauen Männern aus den immer gleichen Kaderschmieden ist kein Ideal, das sich unbedingt zurückzuerkämpfen lohnt. Ein Teil des Konservatismus hat das verstanden und bastelt ganz konkret an einer anderen Gesellschaft. Eine Gesellschaft, die autoritärer, roher und kälter ist und in der ökonomische und soziale Ungleichheiten weiter zugespitzt werden. Dass just die Kräfte, die diese Krisen erst angefacht haben und sie weiter verschärfen werden, von einem krisenhaften kapitalistischen System profitieren, entbehrt nicht einer gewissen Ironie. Kurz oder Trump sind nur Symptome dafür, nicht die Ursachen. Sie sind die Konsequenz einer Normalität, deren Eliten geglaubt haben, die Party gehe einfach immer weiter. Und sie sind die Konsequenz einer Schwäche parteiförmiger linker Kräfte, denen es nicht gelungen ist, Machtpositionen einzunehmen, um von dort aus eine konsequente Politik umzusetzen. Denn die Machtebene ist genauso wichtig wie die diskursive – die Akteur:innen des radikalisierten Konservatismus haben das verstanden.

An die Stelle der alten Normalität ist ein radikalisierter Konservatismus getreten, der keine Berührungsängste vor der traditionellen extremen Rechten kennt, aber mit den Ressourcen und Mitteln einer großen Partei agiert, die als neu und anders und zugleich als staatstragend wahrgenommen wird. Statt lange zu reden, handeln seine Akteur:innen einfach. Statt um Erlaubnis zu fragen oder mühsam kleinteilige Kompromisse auszuhandeln, geben sie einfache Antworten und vollmundige Versprechen. Diese müssen gar nicht eingelöst werden, denn stets lässt sich die Schuld ominösen Kräften in die Schuhe schieben, die dem entgegenstehen. Politische Konkurrent:innen werden zu Gegner:innen, der Staat wird antidemokratisch umgebaut, nach und nach verschieben sich die Grenzen der Realität.

Genau deswegen gibt es kein Zurück in die Vergangenheit. Jeder Versuch, einen nostalgisch verklärten Zustand wiederzuerlangen, verkommt zur reaktionären Pose. Progressive Kräfte, die solche Forderungen vehement vertreten, ziehen sich selbst den Boden unter den Füßen weg. Das gilt auch für jene Akteur:innen, die glauben, man könne mit dem radikalisierten Konservatismus gemeinsam Sachpolitik betreiben, Fakten stünden außer Streit und seien somit eine gute Basis. Ein solches Wunschdenken ist nicht nur naiv, sondern gefährlich. Faschisierungsdynamiken lassen sich nicht kontrollieren. Einmal normalisiert, breitet sich faschistisches Denken in der Gesellschaft aus. So nähert man sich schnell einem *point of no return*. Das zeigen auch die historischen Beispiele. Es gibt und gab viele Akteur:innen, die diese Dynamiken vorangetrieben haben – ob aus Eigennutz, Lust an der Intrige, Profit, Machtrausch, Kalkül oder Überzeugung ist letzten Endes egal. Die Akteur:innen des radikalisierten Konservatismus bringen das Spielfeld zum Kippen.

Wenn der Rückzug versperrt ist und ohnehin nicht erstrebenswert erscheint, bleibt nur der Weg nach vorn. Progressive und linke Kräfte sollten keine Angst haben, ihn zu erkunden. Das bedeutet auch, weniger um sich selbst zu kreisen, Ambivalenzen auszuhalten und selbstbewusst zu zeigen, wie die Welt eigentlich aussehen könnte.

Die große Stärke der politischen Linken besteht darin, dass es ein ausdifferenziertes und schillerndes Mosaik aus unterschiedlichen Anliegen, Bewegungen und Expertisen gibt. Jetzt ist der Augenblick, eine gemeinsame Klammer zu definieren, die nicht nur die Symptome, sondern auch die Ursachen in den Fokus nimmt. Das bedeutet, eine postkapitalistische Welt sichtbar zu machen.

Es wird keine kosmische Gerechtigkeit geben, keinen unsichtbaren Schiedsrichter, der herabsteigt, um den korrekten moralischen Standpunkt zu belohnen. Neben den luftigen Höhen, in denen es um Moral und Anstand geht, ist konkrete, nachvollziehbare Politik gefordert. Denn die Zukunft kann viel besser sein. Und dafür lohnt es sich zu kämpfen.

Danksagung

Dieses Buch ist mit der Unterstützung vieler mir lieber Menschen entstanden. Julian, der mir Kraft und Zuspruch gibt und mir in guten wie in schlechten Zeiten den Rücken freihält. Marius und Nelly, meine Chaos-Crew. Mama, Helmut, Oma und Opa, die immer für mich da sind. Kathrin für alle Care-Packages. Alle meine Freund:innen, die mich auch aus der Ferne und den uns gemeinsamen Abgeschiedenheiten heraus bestärkt haben.

Mein Dank gilt auch meinem Lektor Bernd Klöckener, der mir mit viel Geduld und scharfsinnigen Einsichten zur Seite stand.

Anmerkungen

1 Vgl. Paxton, *Anatomie des Faschismus*, S. 41.
2 Roger Griffin beschreibt Faschismus daher als palingenetischen Ultranationalismus. Vgl. Griffin, *The Nature of Fascism*, S. 26.
3 Vgl. Griffin, *Faschismus. Eine Einführung*, S. 82-83.
4 So etwa Lukacs, *The Hitler of History*, S. 118.
5 Etwa bei Samuel Salzborn, der in der Kategorisierung des Nationalsozialismus eine Rationalisierung des Holocausts und damit verbundene Schuldabwehr sieht. Vgl. Salzborn, *Globaler Antisemitismus*, S. 175f.
6 Die prominente Rolle des eliminatorischen Antisemitismus ist – wie der Nationalsozialismus selbst – in seiner spezifischen Ausformung ein Produkt der deutschen Geschichte.
7 Vgl. Gentile, »Fascism in Power«, S. 36. – Dies ist ein wichtiger Unterschied zum familialen/religiösen oder dynastischen Denken des Konservatismus.
8 Vgl. Wörschnig, *Faschismustheorien*, S. 54-56.
9 Hier gibt es graduelle Unterschiede, die verschiedene Gründe haben können; sie reichen von Forderungen nach Entrechtung und Diskriminierung bis zu Ermordung und Vernichtung. Vgl. Griffin (Hg.), *Fascism*, S. 1.
10 Vgl. Wippermann, *Faschismustheorien*, S. 113.
11 Vgl. Herf, *Reactionary Modernism*, S. 2.
12 Vgl. Biebricher, *Geistig-moralische Wende*, S. 30.
13 Berghoff, *Der Tod des politischen Kollektivs*, S. 149.
14 So wurde auch versucht, den Nationalsozialismus aus dem Faschismus herauszulösen und ihn mit dem Stalinismus unter dem Begriff des Totalitarismus zu fassen. Damit gerät (auf beiden Seiten im Übrigen) das konkrete Umfeld, in dem diese Ideologien zu Ideologien des herrschenden Blocks an der Macht wurden, aus dem Blick. Es macht sie auch unvergleichbar mit wesensgleichen oder -verwandten Phänomenen.

15 Es gab solche Versuche historisch, praktisch und theoretisch innerhalb der extremen Rechten der Zwischenkriegszeit, etwa bei Friedrich Hielscher, Ernst Jünger oder den Gebrüdern Strasser. Vgl. Lehner, *Friedrich Hielscher*, S. 29; Payne, *Geschichte des Faschismus*, S. 209. Auch in der Gegenwart gibt es immer wieder entsprechende Bestrebungen, die aber an der Peripherie bleiben.

16 Das entsprechende Konzept der Metapolitik beschreibt ebenjenen Kampf um Deutungshoheit in einer Gesellschaft, in dem man nicht auf Parteien und Wahlen, sondern auf Einfluss mithilfe von Multiplikator:innen an neuralgischen Punkten der Gesellschaft setzt, also im vorpolitischen Raum agiert. Vgl. dazu Bruns/Glösel/Strobl, *Die Identitären*, S. 244-245.

17 Vgl. Pfahl-Traughber, *Konservative Revolution und Neue Rechte*, S. 132-133.

18 Antonio Gramsci (1891-1937) war Mitbegründer der Kommunistischen Partei Italiens (Partito Communista Italiano) und von 1924-1927 deren Generalsekretär. Als Abgeordneter des Parlaments wurde er, trotz Immunität, 1926 vom faschistischen Regime verhaftet und zwei Jahre später zu zwanzig Jahren Haft verurteilt.

19 Vgl. Brand/Scherrer, »Contested Global Governance« (Friedrich Ebert Stiftung – Online Akademie), S. 6.

20 Vgl. Aftenberger, *Die Neue Rechte und der Neorassismus*, S. 92.

21 Vgl. Strobl, »Rechts. Das neue Normal«, S. 10.

22 Vgl. Bartsch, *Revolution von rechts?*, S. 76.

23 Vgl. Bruns/Glösel/Strobl, *Die Identitären*, S. 244.

24 Vgl. ebd., S. 31.

25 Beispielhaft sei hier der Österreicher Martin Sellner, der bekannteste deutschsprachige Identitäre, genannt, der an Neonazi-Veranstaltungen in Österreich und Deutschland teilnahm und Kontakt zum Umfeld der österreichischen Szene-Größe Gottfried Küssel hatte. Vgl. Bruns/Glösel/Strobl, *Die Identitären*, S. 105.

26 Als *pundit* bezeichnet man eine:n Kommentator:in beziehungsweise Expert:in, der/die für eine bestimmte Position steht und nicht dezidiert objektiv sein möchte.

27 Nachdem *The Economist* Shapiro in einem Interview mit diesem Label versah, verwahrte er sich dagegen, sodass das Magazin

sich entschuldigte und die Bezeichnung in »radical conservative« umänderte.

28 Vgl. Heitmeyer, »Rohe Bürgerlichkeit«.

29 Heitmeyer, *Autoritäre Versuchungen*, S. 310.

30 Ebd.

31 Ebd., S. 311.

32 Vgl. hierzu ebd., S. 297-299.

33 Vgl. Eichenberger, »Die bisherigen Corona-Massnahmen führen in eine Sackgasse – doch es gibt einen möglichen Ausweg: geregelte Ansteckung und Immunisierung« (*Neue Zürcher Zeitung*, 24. März 2020).

34 Welche Parteien als rechtsextrem zu klassifizieren sind, ist mitunter umstritten, was wiederum (auch) an der verschiedenen Auslegung des Begriffs liegt. Während in Deutschland rechts- bzw. linksextrem (in Abgrenzung zu rechts- bzw. linksradikal) für den Verfassungsschutz bedeutet, dass sich eine Partei oder Organisation mit ihren Zielen und ihrer Ideologie außerhalb des Rahmens der freiheitlichen demokratischen Grundordnung stellt, weil sie diese ablehnt bzw. gefährdet, gilt Rechtsextremismus in Österreich nicht als verfassungsfeindlich und wird auch nicht strafrechtlich verfolgt.

35 Der VdU war ein Sammelbecken ehemaliger NSDAP-Mitglieder, das 1956 in die FPÖ überging. In den siebziger und frühen achtziger Jahren war der liberale Flügel zeitweise dominant, wenngleich die deutschnationalen Kräfte – häufig mit NS-Vergangenheit – präsent blieben. Unter dem Vorsitz des Burschenschaftlers Jörg Haider ab 1986 radikalisierte sich die Partei wieder, was 1993 zur Abspaltung des liberalen Flügels und zur Gründung des Liberalen Forums führte. Seit knapp dreißig Jahren lässt sich die FPÖ daher als rechtsextreme Partei bezeichnen.

36 Das ist immer eine prekäre Unterscheidung. Für den österreichischen Historiker Willibald Holzer etwa sind Rechtsextremismus und Konservatismus keine klar voneinander abgetrennten Spektren. Er versteht Rechtsextremismus als Ideologie, in deren Zentrum die homogene Volksgemeinschaft steht, und als eine extreme Spielart des Konservatismus (vgl. Holzer, »Rechtsextremismus –

Konturen, Definitionsmerkmale und Erklärungsansätze«, S. 16). Die Grenze zwischen demokratischem Konservatismus und Rechtsextremismus ergebe sich aus dem jeweiligen Verhältnis zur Demokratie: Kennzeichnend für den Rechtsextremismus sei der Wunsch, Demokratisierungsstandards abzubauen, während demokratische Konservative sich für eine behutsame Fortschreibung des Status quo engagieren. Allerdings lasse die Rolle, die konservative Eliten beispielsweise bei den Machtübernahmen der historischen faschistischen Bewegungen spielten, diese Abgrenzungskriterien fragil erscheinen (vgl. ebd., S. 22).

37 Von 1945 bis 1947 war zunächst sogar die KPÖ an der Koalition beteiligt; 1966 gelang es erstmals einer der beiden großen Parteien, der ÖVP, die Mehrheit der Parlamentssitze zu erringen und eine Alleinregierung zu bilden. Von 1970 bis 1983 folgte ihr dann die SPÖ, die anschließend eine sozial-liberale Koalition mit der FPÖ einging.

38 Mitterlehner, *Haltung*, S. 158f.

39 Tóth/Redl, »Projekt Ballhausplatz« (*Falter*, 19. September 2017).

40 Vgl. *Kleine Zeitung*, »ÖVP soll 880000 Euro Strafe zahlen« (15. Januar 2020).

41 Lybrand/Subramaniam/Dale, »Fact checking Trump's call with Georgia's secretary of state« (CNN, 4. Januar 2021).

42 Vgl. Fausset/Hakim, »Georgia Prosecutors Open Criminal Inquiry Into Trump's Efforts to Subvert Election« (*New York Times*, 10. Februar 2021).

43 Vgl. Barrett/Zapotosky/Dawsey/Harris, »Whistleblower claimed that Trump abused his office and that White House officials tried to cover it up« (*The Washington Post*, 27. September 2019).

44 BBC News, »Donald Trump under fire for mocking disabled reporter« (26. November 2015).

45 Levitsky/Ziblatt, *How Democracies Die*, S. 179.

46 McCaskill, »Trump: Acting more presidential would be ›boring as hell‹« (*Politico*, 4. April 2016).

47 Klein, *Why We're Polarized*, S. 166.

48 Vgl. Schumacher, »Sebastian Kurz is Remaking Europe's Future From its Darkest Past« (*Newsweek*, 17. Oktober 2018); sowie

Witzeling, »Politiker als Projektionsfläche: Wie Stereotype unsere Wahrnehmung beeinflussen« (*Der Standard*, 9. September 2020).

49 Golshan, »Donald Trump's strange speaking style, as explained by linguists« (18. August 2018).

50 Vgl. Rupar, »Trump seems to think there'd be no coronavirus if there was no testing. It doesn't work like that« (*Vox*, 15. Mai 2021).

51 Vgl. *Oberösterreichische Nachrichten*, »Ab 1. Juli: Keine Maskenpflicht in der Gastronomie, Sperrstunde fällt« (17. Juni 2021).

52 Schmid, »Befreiungsfeier in Mauthausen: Seltsame Abwesenheit« (*Der Standard*, 17. Mai 2021).

53 Vgl. *Die Presse*, »Mauthausen-Gedenken ›parteipolitisch missbraucht‹« (17. Mai 2021).

54 Vgl. Robinson, »There Is No Invisible Referee« (*Current Affairs*, 26. September 2020).

55 Vgl. Puls24.at, »›Dass Sebastian Kurz das blockiert, ist unerträglich‹« (Interview-Video mit Michel Reimon, 11. September 2020).

56 Vgl. ORF, »Grüne wollen mit ÖVP sprechen« (10. September 2020).

57 Stubley, »Boris Johnson described most deprived members of society as ›chavs, losers, burglars and drug addicts‹« (*Independent*, 1. Dezember 2019); Bienkov/Colson, »Boris Johnson said UK's poorest communities are made-up of ›chavs,‹ ›burglars,‹ ›drug addicts,‹ and ›losers‹« (*Business Insider*, 30. November 2019).

58 Vgl. ORF, »Heftige Wien-Kritik von Kurz« (10. Januar 2019).

59 Vgl. Fong/Guastella, »The Siren Song of ›Pro-Worker‹ Conservatism« (*Jacobin*, 10. Dezember 2020).

60 Wise, »Calling Protesters ›Thugs‹ And Biden Extreme, Trump's Bombastic Campaign Returns« (*National Public Radio*, 28. August 2020).

61 Vgl. Smiley/Fakunle, »From ›brute‹ to ›thug‹: The demonization and criminalization of unarmed Black male victims in America«.

62 Vgl. Ö1 Morgenjournal, »Kurz präsentiert Steuerpläne« (6. Juni 2017).

63 Vgl. Tóth, »FALTER.maily #19 – Ganz persönlich« (*Falter.at*, 21. September 2019).

64 *Der Standard*, »Grünen-Politiker: ›Lieber Gust, Kinder dürfen wählen und heiraten, wen sie wollen‹« (10. September 2019).

65 *Redaktionsnetzwerk Deutschland*, »Tourismusministerin Köstinger: Skilifte sicher wie U-Bahn-Fahren« (19. Dezember 2020).

66 Vgl. Rachbauer/Schwarz, »Corona-Streit um Bundesgärten: ›Köstingers Niveau ist kindisch‹« (*Kurier*, 1. April 2020).

67 *ZIB 2*, »Kanzler Kurz zu den Lockerungen« (2. Dezember 2020).

68 Vgl. BBC News, »Trump says Clinton emails saga ›bigger than Watergate‹« (28. Oktober 2016).

69 Dabei handelte es sich um die anonymen Facebook-Seiten »Wir für Sebastian Kurz« und »Die Wahrheit über Sebastian Kurz« – die eine argumentierte als vermeintliche Pro-Kurz-Seite offen rassistisch, während sich die andere als vermeintlich FPÖ-nahe Seite rassistischer und antisemitischer Schmähungen bediente, um Kurz anzugreifen.

70 Vgl. Völker, »SPÖ erklärt Silberstein-Affäre für erledigt – und droht mit Klagen« (*Der Standard*, 1. Februar 2018).

71 Vgl. *Neuwal*, »Transkript: Pressekonferenz Sebastian Kurz #strachevideo« (18. Mai 2019).

72 Zitiert nach ORF, »Rabinovici: Kurz' ›Spiel‹ mit Antisemitismus« (20. Mai 2019). – Rabinovici wies in diesem Zusammenhang auch darauf hin, dass Kurz bereits im Wahlkampf 2017 erklärt hatte, die Nationalratswahl werde »auch eine Volksabstimmung darüber« sein, »welchen Stil wir in unserem Land haben wollen, ob wir die Silbersteins [!] und andere wollen, die versuchen, den politischen Gegner anzupatzen und fertigzumachen [...].«

73 Vgl. Cole, »Whitmer rips Trump campaign for attacking her after alleged kidnapping plot revealed« (CNN, 9. Oktober 2020).

74 Vgl. Klein, »Trump said ›blame on both sides‹ in Charlottesville, now the anniversary puts him on the spot« (*ABC News*, 12. August 2018).

75 White, »White supremacists and neo-Nazis are praising Trump's ›honest‹ Charlottesville comments« (*Vox*, 15. August 2017).

76 Haberman/Savage, »Trump, Lacking Clear Authority, Says U.S. Will Declare Antifa a Terrorist Group« (*New York Times*, 31. Mai 2020).

77 *APA – Austria Presse Agentur*, »Randale im Wiener Resselpark bringen Platzverbot« (5. Juni 2021).

78 Die neue Volkspartei, »VP-Klubobmann Wöginger: ›Links-Parteien wollen mittels Masseneinbürgerungen die Mehrheitsverhältnisse im Land ändern‹« (*APA-OTS Originaltext-Service*, 13. Juni 2021).

79 Sellner, *Identitär!*, S. 185.

80 Scharfmüller, »Lob von IB-Sellner: Volkspartei jetzt auch gegen Bevölkerungsaustausch« (*Info-Direkt*, 14. Juni 2021).

81 Vgl. Steinke, »Österreichs offene Gesellschaft beschädigt sich selbst« (*Süddeutsche Zeitung*, 12. November 2020).

82 Vgl. Seeh, »Behörden-Versagen vor Wien-Terror: Klagswelle droht« (*Die Presse*, 16. Februar 2021).

83 Vgl. zackzack.at, »Wusste Nehammer vom IS-Terroristen? Vorwarnung aus dem Militär« (2. Dezember 2020).

84 Der Begriff »Führerpartei« ist untrennbar mit dem Nationalsozialismus und dem italienischen Faschismus verbunden. Dort wurden Parteimitglieder und Gefolgsleute auf den Führer persönlich eingeschworen; mit ihm stand und fiel nicht nur die Partei, sondern die ganze Bewegung.

85 Pindur, »Trump unterzeichnet Loyalitätseid der Republikaner« (*Deutschlandfunk*, 8. September 2015).

86 Vgl. Sarlin, »United States of Trump. An inside look at the voters who took over the Republican Party« (NBC News, 20. Juni 2016).

87 Vgl. Levitsky/Ziblatt, *How Democracies Die*, S. 69.

88 Vgl. ebd., S. 70.

89 Vgl. ebd., S. 71-72.

90 Vgl. ebd., S. 83-84.

91 Vgl. Public Broadcasting Service, »Cruz blasts Trump as ›pathological liar‹ as Indiana voters head to the polls« (3. Mai 2016).

92 Vgl. Levitsky/Ziblatt, *How Democracies Die*, S. 83-84.

93 Vgl. Stevens, *It Was All a Lie*, S. 129.

94 Vgl. Panetta, »Why we just witnessed a pro-Trump purge in the Republican Party« (*CBC-News*, 13. Mai 2021).

95 Vgl. Klatzer u. a., »ÖVP-Chef Mitterlehner zurückgetreten« (*Kurier*, 10. Mai 2017).

96 Vgl. *Die Presse*, »Ringen um Vizekanzler: Kern droht Kurz mit freiem Spiel der Kräfte« (16. Mai 2017).

97 Riedl, »Kurz und Schluss« (*Die Zeit*, 12. Mai 2017).

98 Vgl. *Süddeutsche Zeitung*, »Sebastian Kurz zum ÖVP-Chef gewählt« (1. Juli 2017).

99 Vgl. Pausackl, »ÖVP: Warum hört man nichts mehr von den prominenten Quereinsteigern?« (*Profil*, 31. Oktober 2018).

100 Vgl. Demokratiezentrum Wien, [Bildstrategien]; Castelligasse.at, [Wahlplakate].

101 Vgl. Oe24.tv, »Wirbel um Straches ÖVP-Geheimpapier« (29. August 2017)

102 *Kurier*, »Mitterlehner zu Gesetzeskauf: ›So blöd ist in ganz Europa niemand‹« (16. März 2021).

103 Vgl. Knittelfelder, *Inside Türkis*, S. 14f.

104 Vgl. ebd., S. 15.

105 Vgl. BBC News, »Jared Kushner: The son-in-law with Donald Trump's ear« (24. Dezember 2020).

106 Vgl. Schmitt, *Volksentscheid und Volksbegehren*, S. 33 ff.

107 Schier, *How Trump Happened*, S. 69.

108 Neuwal, »Transkript: Pressekonferenz Sebastian Kurz #strachevideo« (18. Mai 2019). (Fehler im Original.)

109 Vgl. Olson, »Trump's use of religion follows playbook of authoritarian-leaning leaders the world over« (*The Conversation*, 5. Juni 2020).

110 Vgl. Gabatt, »›Unparalleled privilege‹: why white evangelicals see Trump as their savior« (*The Guardian*, 11. Januar 2020). – Der Perserkönig Kyros II. wird in der Bibel als positive Figur erwähnt, weil er zur Rückkehr des jüdischen Volkes aus dem babylonischen Exil beigetragen habe.

111 The National Desk, »President Trump launches the ›Evangelicals for Trump‹ coalition from the El Rey Jesus Church in Miami, Florida« (Video einer Trump-Rede vom 3. Januar 2020).

112 Reuters, »Trump Says He Will Participate in Debate With Biden, but Thinks It Is Unfair« (20. Oktober 2020).

113 Vgl. *Financial Times*, »Boris Johnson creates new teams to oversee coronavirus recovery« (3. Juni 2020).

114 Vgl. Apple, »A Revolving Door« (*The Spokesman-Review*, 8. Oktober 2020).

115 Vgl. Damante, »At Least 15 Trump Officials Do Not Hold Their Positions Lawfully« (17. September 2020).

116 Brooks/Schulkin, »Loyalty Above All: The ›Shallow State‹ of the Trump Administration« (*Just Security*, 2. November 2020).

117 Vgl. LaFrance, »The Prophecies of Q. American conspiracy theories are entering a dangerous new phase« (*The Atlantic*, Juni 2020).

118 Vgl. *Kurier*, »Kurz: Nicht am gegenseitigen Anpatzen beteiligen« (1. September 2017).

119 Vgl. *Die Presse*, »Türkis-Blau reformiert Mindestsicherung: Vermögenszugriff bleibt« (27. November 2018).

120 Vgl. Nimmervoll, »Verfassungsgericht kippt türkis-blaue Sozialhilfereform« (*Der Standard*, 17. Dezember 2019).

121 Vgl. Madner, »Mythen und Fakten zur Arbeitslosigkeit« (*Wiener Zeitung*, 27. Juni 2020).

122 Vgl. Stolberg, »Trump's Secret Health Plan Is a Promise Voters Have Heard Before« (*The New York Times*, 17. September 2020).

123 Vgl. Weller, »Trump's Wasteful Tax Cuts Lead To Continued Trillion Dollar Deficits In Expanding Economy« (*Forbes*, 29. Januar 2020).

124 Vgl. Borak, »Trump again dangles a promise of tax cuts« (CNN, 13. September 2019).

125 Klenk, »Warum der Kanzler die Justiz attackiert« (*Falter*, 11. Februar 2020).

126 Graber, »Wie die Novomatic den Hebel für ihr ›Italien-Problem‹ ansetzte« (*Der Standard*, 4. Mai 2021).

127 Vgl. *Oberösterreichische Nachrichten*, »Kurz will auch bei Anklage nicht zurücktreten« (13. Mai 2021).

128 Vgl. *Kronen Zeitung*, »Kommen Sie da wieder heraus, Herr Kurz« (16. Mai 2021).

129 Mittelstadt/Schmid, »Kurz greift Korruptionsstaatsanwaltschaft an: ›Viele Verfehlungen‹« (*Der Standard*, 16. Februar 2021).

130 Anders, »ÖVP attackiert Staatsanwalt, der gegen ÖVP-Politiker ermittelt« (*Der Standard*, 1. Juni 2021).

131 Vgl. *Der Standard*, »Suspendierung von Justizsektionschef Pilnacek vom Gericht bestätigt« (9. Juni 2021).

132 Vgl. Leblanc/Polantz, »Federal judge assails Trump's attacks on

judiciary: He's feeding a ›destructive narrative‹« (CNN, 8. November 2019).

133 Vgl. Hamburger/Dawsey/Leonnig/Harris, »Roger Stone claimed contact with WikiLeaks founder Julian Assange in 2016, according to two associates« (*The Washington Post*, 13. März 2018).

134 Zitiert nach Porter, »Trump attacked the judge presiding over Roger Stone's trial, and praised AG Barr after the entire DOJ prosecution team resigned in protest at his meddling« (*Business Insider*, 12. Februar 2020).

135 Vgl. Baker/Benner/LaFraniere, »As Trump Claims to Be Law of the Land, Barr's Irritation Builds« (*New York Times*, 18./19. Februar 2020).

136 Vgl. Monn, »Im Schnellzugstempo verändert Donald Trump das Gesicht der amerikanischen Rechtsprechung« (*Neue Zürcher Zeitung*, 25. August 2020).

137 Vgl. ORF, »Nach Absetzung. Kurz gibt sich kämpferisch« (27. Mai 2019).

138 Vgl. Kittner, »Kurz bei Wolf: ›Jeder Mörder wird respektvoller behandelt‹« (*Kurier*, 12. Mai 2021).

139 Vgl. *Wiener Zeitung*, »Ibiza-Untersuchungsausschuss endet am 15. Juli« (20. Mai 2021).

140 Vgl. ORF, »Aktenlieferung. Blümel verteidigt Vorgehen« (10./11. Mai 2021).

141 Vgl. *Der Standard*: »›Oh Gott. Reisen wie der Pöbel‹: Die Causa Öbag in Chat-Zitaten« (8. Juni 2021).

142 Schmid (Fabian), »Schmid nach mehr Budget für Außenminister Kurz: ›Du schuldest mir was‹« (*Der Standard*, 9. Juni 2021).

143 Vgl. Hennessey/Wittes, *Unmaking the Presidency*, S. 60.

144 Vgl. ebd.

145 Vgl. Katyal/Schmidt, »Trump Is Threatening to Subvert the Constitution« (*The Atlantic*, 17. April 2020).

146 Vgl. Prokop, »The many scandals of Trump's new acting Attorney General Matt Whitaker, explained« (*Vox*, 14. November 2018).

147 Vgl. BBC News, »White House bans certain news media from briefing« (25. Februar 2017).

148 Vgl. Kendizor, *Hiding in Plain Sight*, S. 184f.

149 Vgl. *Der Standard*, »›Falter‹-Journalisten bei ÖVP-Hintergrundgespräch zu Hackerangriff nicht erwünscht« (5. September 2019).

150 *Der Standard*, »Kanzler Kurz erklärt seinen Medienbeauftragten Fleischmann – Neos sehen ›Interessenkonflikt‹ bestätigt« (13. April 2020).

151 Vgl. *Kurier*, »Regierung verdoppelt Inseratenbudget und plant Kampagne für Eigen-PR« (24. November 2020).

152 Vgl. *Der Standard*, »›News‹: Nach kritischem Bericht habe Finanzministerium Werbung storniert – Ministerium dementiert, VGN insistiert« (17. Juni 2021).

153 Vgl. Schmid/Richter, »›One America News Network‹ (OAN): Donald Trump macht sich über Konkurrent Fox News lustig« (*Frankfurter Rundschau*, 27. November 2020).

154 Vgl. Klein, *Why We're Polarized*, S. 169.

155 Vgl. Levitsky/Ziblatt, *How Democracies Die*, S 70.

156 Vgl. ebd., S. 67.

157 Vgl. Klein, *Why We're Polarized*, S. 167.

158 Huber, »›Unsere Politiker sind viel zu weit weg von der Bevölkerung‹. Interview mit Richard Schmitt« (*Fleisch* 38, Sommer 2016).

159 *The Economist*, »The business of outrage. Some Americans are getting rich by pushing politics to extremes« (15. Oktober 2016).

160 Jackson, »The ›War on Christmas‹: A History of the Holiday Season's Biggest Cultural Debate« (*Newsweek*, 22. Dezember 2020).

161 Fox News, »Trump: ›If I become president, we're all going to be saying »Merry Christmas« again‹« (10. November 2015).

162 Vgl. Huber, »Das sind die Hintergründe der Nikolo-Lüge« (*Kontrast.at*, 26. November 2017).

163 Vgl. Parlamentsklub Bündnis Zukunft Österreich, »BZÖ-Tscharnutter: Nikolausverbot in Wiener Kindergärten völlig absurd« (Pressemitteilung, 2. Dezember 2008).

164 Vgl. Freiheitlicher Parlamentsclub – FPÖ, »Weinzinger zu Kruzifixen: Österreichische christlich geprägte Gesellschaft muss erhalten bleiben« (Presseerklärung, 30. Oktober 2008).

165 Vgl. *Die Presse*, »Terror: Verdächtiger plante ›Bürgerkrieg‹ in Europa«, (24. Juli 2011).

166 Vgl. *Die Presse*, »Schnitzel-Causa war eigentlich ein Aprilscherz« (13. Mai 2019).

167 Vgl. *Der Standard*, »Schweinefleischverbot im Kindergarten: Aufregung um TV-Bericht« (7. Juli 2019).

168 Vgl. *Kleine Zeitung*, »Verbotene Nikolausfeiern: Der wahre Grund« (16. November 2016).

169 Vgl. *heute.at*, »Nikolo gerettet! Regierung ändert Corona-Regeln« (24. November 2020).

170 Vgl. Vazquez, »White House Thanksgiving proclamation calls for Americans to ›gather‹ even as Covid-19 surges« (CNN, 25. November 2020).

171 Vgl. Ecarma, »Fox News Seizes on COVID Guidelines to Escalate This Year's ›War on Christmas‹« (*Vanity Fair*, November 2020).

172 Dobusch, »News-Cycling wie Kurz: Der News Cycle, seine Folgen und was wir dagegen tun können« (*Moment*, 30. November 2020).

173 Ebd.

174 Vgl. *Der Standard*, »Kanzler Kurz erklärt seinen Medienbeauftragten Fleischmann – Neos sehen ›Interessenkonflikt‹ bestätigt« (13. April 2020).

175 Vgl. ORF, »Nehammer: Nur ein Teil österreichischer Zelte landete in Lesbos« (30. November 2020).

176 Vgl. ORF-Wien, »Schülerinnen trotz Protesten abgeschoben« (28. Januar 2021); Marchart, »Die stilleren Abschiebungen von Sona und Ashot« (*Der Standard*, 30. Januar 2021).

177 Vgl. Berger, »Abschiebungen und Kindeswohl« (*Falter* 5/2021, 3. Februar).

178 Vgl. Govedarica, »Mutmaßlicher Drahtzieher packt aus« (*Tagesschau*, 27. Januar 2021).

179 Vgl. Nikbakhsh, »Wirecard: ›Wir sehen einander ja heute Abend!‹« (*Profil*, 6. Februar 2021).

180 *Der Standard*, »Nehammer gibt Eltern von Tina Schuld für nächtliche Abschiebung« (30. Januar 2021).

181 Zitiert nach Allsop, »Flooding the zone with the *New York Post*« (*Columbia Journalism Review*, 19. Oktober 2020).

182 Vgl. Illing, »›Flood the zone with shit‹: How misinformation overwhelmed our democracy« (*Vox*, 6. Februar 2020).

183 Vgl. ebd.

184 Sullivan, »Kellyanne Conway Undermined the Truth Like No Other Trump Official. And Journalists Enabled Her« (*The Washington Post*, 26. August 2020).

185 Vgl. *Politifact*, »Donald Trump – Scorecard«.

186 Vgl. Bennett/Livingston, »A Brief History of the Disinformation Age«, S. 3.

187 Vgl. Diamond, »Trump: I could ›shoot somebody and I wouldn't lose voters‹« (CNN, 24. Januar 2016).

188 Vgl. Mittelstaedt, »Kurz und Ibiza: Ein E-Mail-Skandal, der keiner war« (*Der Standard*, 17. Juni 2019).

189 Vgl. *Der Standard*, »ÖVP fordert Unterstützer auf, der Partei ›Verdächtiges im Internet‹ zu melden« (20. Juni 2019).

190 Vgl. ORF, »Fünf Festplatten wurden geschreddert« (23. Juli 2019).

191 Vgl. *Kleine Zeitung*, »Schredder-Mann kehrt zurück« (16. September 2019).

192 Vgl. ORF, »Nächste Datenaffäre mit offenen Fragen« (5. September 2019).

193 Badner, »Conway: Trump White House offered ›alternative facts‹ on crowd size«, (CNN, 23. Januar 2017).

194 Vgl. LaFrance, »The Prophecies of Q. American conspiracy theories are entering a dangerous new phase« (*The Atlantic*, Juni 2020).

195 NBC News, »›They Like Me Very Much‹: Trump Discusses The QAnon Conspiracy Theory Movement« (20. August 2020).

196 Chait, »Trump Praises QAnon Conspiracy Theory: ›They Like Me Very Much, Which I Appreciate‹« (*Intelligencer*, 19. August 2020)

197 Zitiert nach *Associated Press*, »Trump tells Proud Boys: ›Stand back and stand by‹« (30. September 2020).

198 Vgl. Bertrand, »Justice Department warns of national security fallout from Capitol Hill insurrection« (*Politico*, 7. Januar 2021).

199 rev.com, »Donald Trump Speech Transcript at North Carolina GOP Convention Dinner June 5« (5. Juni 2021).

200 Als die Regierung in die Kritik geriet, weil wegen fehlender Bestellungen des Biontech-Pfizer-Impfstoffs der AstraZeneca-Ausfall nicht kompensiert werde könne, ließ Kurz Ende März 2021 verlautbaren, Verhandlungen mit Russland über Kauf und baldige

Lieferung des Sputnik-Impfstoffs ständen kurz vor dem Abschluss, er habe mit dem russischen Botschafter darüber geredet und im Februar deswegen mit Putin telefoniert. Einige Tage später, als der Streit zwischen Österreich und der EU darüber ausgebrochen war, dass Kurz sich weigerte, Teile des österreichischen Kontingents an Länder mit Impfrückstand abzutreten, hieß es, dass mit wesentlicher Hilfe von Sputnik die Bevölkerung in 100 Tagen geimpft sein sollte. Vgl. *Blick*, »Nach Streit mit EU drückt Österreich auf den Sputnik-V-Impfturbo« (13. April 2021).

201 Vgl. *Oberösterreichische Nachrichten*, »Sputnik: Kanzler erklärt sich für ›nicht zuständig‹« (9. Juni 2021).

202 Strobl, »Sebastian Kurz und das Balkan-Virus« (*Moment*, 3. Dezember 2020).

203 Vgl. Wammerl, »Semmering-Chaos: Mobilfunk-Daten zeigen Spitzenzeiten mit mehr als 4700 Besuchern« (*Kurier*, 5. Januar 2021).

204 Zweig, *Die Welt von Gestern*, S. 15.

205 Vgl. Mohler/Weißmann, *Die konservative Revolution in Deutschland 1918-1932*.

206 Mohler war selbst einer der Protagonisten der neurechten Szene, sodass die Begriffsgeschichte nicht ohne die seiner Darstellung zugrunde liegende politische Intention verstanden werden kann. Er teile diese Denker in verschiedene Kategorien ein, die er im Laufe der Zeit immer wieder revidierte und änderte (vgl. Speit, »Sehnsucht nach Schicksal und Tiefe«, S. 28). Im Kern meinte Mohler jene Untergruppe, die er ursprünglich als Jungkonservative bezeichnet hatte.

207 Vgl. Breuer, *Anatomie der Konservativen Revolution*, S. 25, 27f.

208 Vgl. Woods, »Zwischen politischem Programm, Aktivismus und Negation«, S. 81.

209 Vgl. Woods, *Nation ohne Selbstbewußtsein*, S. 8.

210 Immer wieder wird von der Neuen Rechten versucht, die Protagonisten der Konservativen Revolution als Widerstandskämpfer darzustellen. Das ignoriert auch die eigenen Worte der Akteure. 1932 erschien etwa das Buch *Was wir vom Nationalsozialismus erwarten* mit Beiträgen führender Denker der Konservativen Revolution. Grundsätzliche Bedenken gegen den Nationalsozialismus

brachte keiner der Autoren vor. Vielmehr hatte man eine ähnliche Analyse und Zielvorstellung und tolerierte einander – solange (gemeinsame) Gegner:innen (Demokratie, Parlamentarismus, Kommunismus, Sozialismus, politischer Liberalismus) zu bekämpfen waren. In den Taktiken, Strategien und Methoden gab es Unterschiede und mehr oder minder offene Kritik (Ernst Jünger mit seinem Roman *Auf den Marmorklippen* von 1939 ist hier sicher die deutlichste). Konservative Revolution und Nationalsozialismus teilten aber eine grundsätzliche Haltung zur Welt. Sie beinhaltet ein negatives Menschenbild, den Wunsch nach einem Führer und ein autoritäres Gesellschaftsbild.

211 Vgl. Wasserman, *Black Vienna*, S. 19-34.

212 Vgl. ebd., S. 9.

Literatur- und Quellenverzeichnis

Aftenberger, Ines: *Die Neue Rechte und der Neorassismus*, Graz: Grazer Universitätsverlag 2007.

Bartsch, Günter: *Revolution von rechts? Ideologie und Organisation der Neuen Rechten*, Freiburg: Herder 1975.

Bennett, W. Lance/Livingston, Steven: »A Brief History of the Disinformation Age«, in: Dies. (Hg.): *The Disinformation Age. Politics, Technology, and Disruptive Communication in the United States*, Cambridge: Cambridge University Press 2021, S. 3-40.

Berghoff, Peter: *Der Tod des politischen Kollektivs. Politische Religion und das Sterben und Töten für Volk, Nation und Rasse*, Berlin: Akademie Verlag 2014.

Biebricher, Thomas: *Geistig-moralische Wende*, Berlin: Matthes & Seitz 2019.

Breuer, Stefan: *Anatomie der Konservativen Revolution*, Darmstadt: Wissenschaftliche Buchgesellschaft 1993.

Bruns, Julian/Glösel, Kathrin/Strobl, Natascha: *Die Identitären. Handbuch zur Jugendbewegung der Neuen Rechten in Europa*, Münster: Unrast Verlag [2014] 2017.

Gentile, Emilio: »Fascism in Power. The Totalitarian Experiment«, in: Roger Griffin (Hg.): *Fascism*, Bd. IV, London/New York: Routledge 2004, S. 17-46.

Griffin, Roger: *Faschismus. Eine Einführung in die vergleichende Faschismusforschung*, aus dem Englischen von Martin Kristoffer Hamre, Stuttgart: ibidem-Verlag 2020.

Griffin, Roger (Hg.): *Fascism*, Bd. IV, London/New York: Routledge 2004.

Griffin, Roger: *The Nature of Fascism*, London: Pinter 1991.

Heitmeyer, Wilhelm: *Autoritäre Versuchungen. Signaturen der Bedrohung I*, Berlin: Suhrkamp Verlag 2018.

Heitmeyer, Wilhelm: »Rohe Bürgerlichkeit. Bedrohungen des inneren Friedens«, in: *Wissenschaft & Frieden*, 2/2012, S. 39-41.

Hennessey, Susan/Wittes, Benjamin: *Unmaking the Presidency. Donald Trump's War on the Worlds Most Powerful Office*, New York: Farrar, Straus and Giroux 2020.

Herf, Jeffrey C.: *Reactionary Modernism: Technology, Culture and Politics in Weimar and the Third Reich*, Cambridge: Cambridge University Press 1998.

Holzer, I. Willibald: »Rechtsextremismus – Konturen, Definitionsmerkmale und Erklärungsansätze«, in: Dokumentationsarchiv des österreichischen Widerstandes (Hg.): *Handbuch des österreichischen Rechtsextremismus,* Wien: Deuticke 1993, S. 11-96.

Jones, Owen: *Chavs. The Demonization of the Working Class*, New York: Verso Books [2011] 2020 [deutsche Ausgabe: Prolls. Die Dämonisierung der Arbeiterklasse, aus dem Englischen von Christophe Fricker, Mainz: Verlag André Thiele 2012].

Kendizor, Sarah: *Hiding in Plain Sight. The Invention of Donald Trump and the Erosion of America*, New York: Flat Iron Books 2020.

Klein, Ezra: *Why We're Polarized*, New York: Avid Reader Press 2020 [deutsche Ausgabe: *Der tiefe Graben: Die Geschichte der gespaltenen Staaten von Amerika*, aus dem Amerikanischen von Katrin Harlaß, Hamburg: Hoffmann und Campe 2020].

Knittelfelder, Klaus: *Inside Türkis. Die neuen Netzwerke der Macht*, Wien: edition a 2020.

Lehner, Kurt M.: *Friedrich Hielscher. Nationalrevolutionär – Widerständler –Heidenpriester*, Paderborn: Ferdinand Schöningh Verlag 2015.

Levitsky, Steven/Ziblatt, Daniel: *How Democracies Die*, New York: Broadway Books 2019.

Lukacs, John: *The Hitler of History*, New York: Vintage Books 1998.

Mitterlehner, Reinhold: *Haltung. Flagge zeigen in Leben und Politik*, Salzburg/München: Ecowin Verlag 2019.

Mohler, Armin/Weißmann, Karlheinz: *Die konservative Revolution in Deutschland 1918-1932. Ein Handbuch*, Graz: Ares Verlag 2005.

Paxton, Robert: *Anatomie des Faschismus*, aus dem Englischen von Dietmar Zimmer, München: Deutsche Verlags-Anstalt 2006.

Payne, Stanley: *Geschichte des Faschismus. Aufstieg und Fall einer europäischen Bewegung*, Wien: tosa 2006.

Pfahl-Traughber, Armin: *Konservative Revolution und Neue Rechte. Rechtsextremistische Intellektuelle gegen den demokratischen Verfassungsstaat*, Opladen: Leske + Budrich 1998.

Salzborn, Samuel: *Globaler Antisemitismus. Eine Spurensuche in den Abgründen der Moderne*, Weinheim: Beltz Juventa 2018.

Schier, Steven E./Eberly, Todd E.: *How Trump Happened: A System Shock Decades in the Making*, Lanham: Rowman & Littlefield 2020.

Schmitt, Carl: *Volksentscheid und Volksbegehren. Ein Beitrag zur Auslegung der Weimarer Verfassung und zur Lehre von der unmittelbaren Demokratie*, Berlin: Walter De Gruyter 1927.

Sellner, Martin: *Identitär! Geschichte eines Aufbruchs*, Schnellroda: Antaios Verlag 2017.

Smiley, Calvin John/Fakunle, David: »From ›brute‹ to ›thug‹: The demonization and criminalization of unarmed Black male victims in America«, in: *Journal of Human Behavior in the Social Environment* 26:3-4 (2016), S. 350-366.

Speit, Andreas: »Sehnsucht nach Schicksal und Tiefe. Sehnsüchte der ›Neuen Rechten‹«, in: Jean Cremet/Felix Krebs/Andreas Speit (Hg.): *Jenseits des Nationalismus. Ideologische Grenzgänger der ›Neuen Rechten‹ – ein Zwischenbericht*, Hamburg/Münster: Unrast Verlag 1999, S. 11-52.

Stevens, Stuart: *It Was All a Lie: How the Republican Party Became Donald Trump*, New York: Knopf 2020.

Strobl, Natascha: »Rechts. Das neue Normal«, in: *an.schläge* 1/2020, S. 10-12.

Wasserman, Janek: *Black Vienna. The Radical Right in the Red City, 1918-1938*, Ithaka/London: Cornell University Press 2014.

Weber, Iris: *Nation, Staat und Elite. Die Ideologie der Neuen Rechten*, Köln: PapyRossa Verlag 1997.

Wippermann, Wolfgang: *Faschismustheorien. Zum Stand der gegenwärtigen Diskussion*, Darmstadt: Wissenschaftliche Buchgesellschaft 1989.

Woods, Roger: *Nation ohne Selbstbewußtsein. Von der Konservativen*

Revolution zur Neuen Rechten, Baden-Baden: Nomos Verlag 2001.

Woods, Roger: »Zwischen politischem Programm, Aktivismus und Negation: ›Konservative Revolution‹, Nationalsozialismus und ›Neue Rechte‹«, in: Volker Eickhoff/Ilse Korotin (Hg.): *Sehnsucht nach Schicksal und Tiefe. Der Geist der Konservativen Revolution*, Wien: Picus Verlag 1997, S. 40-54.

Worm, Uwe: *Die Neue Rechte in der Bundesrepublik. Programmatik, Ideologie und Presse*, Köln: PapyRossa Verlag 1995.

Wörschnig, Mathias: *Faschismustheorien. Überblick und Einführung*, Stuttgart: Schmetterling Verlag 2020.

Zweig, Arnold: *Die Welt von Gestern* [1944], Frankfurt am Main: S. Fischer 2010.

Online-Quellen*

Allsop, Jon: »Flooding the zone with the New York Post« {https://www.cjr.org/the_media_today/new_york_post_biden_giuliani.php}

Altschuler, Glenn C.: »Trump's contempt for advice and consent« {https://thehill.com/opinion/white-house/511265-trumps-contempt-for-advice-and-consent}

Anders, Theo: »ÖVP attackiert Staatsanwalt, der gegen ÖVP-Politiker ermittelt« {https://www.derstandard.at/story/2000127067259/oevp-attackiert-staatsanwalt-der-gegen-oevp-politiker-ermittelt}

APA – Austria Presse Agentur: »Randale im Wiener Resselpark bringen Platzverbot« {https://apa.at/news/randale-im-wiener-resselpark-bringen-platzverbot-3/}

* Alle Seiten zuletzt aufgerufen im Juli 2021.

Apple, Charles: »A Revolving Door« {https://www.spokesman.com/stories/2020/oct/08/trump-white-house-revolving-door/}

Associated Press: »Trump tells Proud Boys: ›Stand back and stand by‹« {https://www.youtube.com/watch?v=qIHhB1ZMV_o}

Badner, Eric: »Conway: Trump White House offered ›alternative facts‹ on crowd size« {https://edition.cnn.com/2017/01/22/politics/kellyanne-conway-alternative-facts/index.html}

Baker, Peter/Benner, Katie/LaFraniere, Sharon: »As Trump Claims to Be Law of the Land, Barr's Irritation Builds« {https://www.nytimes.com/2020/02/18/us/roger-stone-sentencing.html}

Barrett, Devlin/Zapotosky, Matt/Dawsey, Josh/Harris, Shane: »Whistleblower claimed that Trump abused his office and that White House officials tried to cover it up« {https://www.washingtonpost.com/national-security/house-intelligence-committee-releases-whistleblowers-complaint-citing-trumps-call-with-ukraines-president/2019/09/26/402052ee-e056-11e9-be96-6adb81821e90_story.html}

BBC News: »Coronavirus: Outcry after Trump suggests injecting disinfectant as treatment« {https://www.bbc.com/news/world-us-canada-52407177}

BBC News: »Coronavirus: President Trump defends tweets against US states' lockdowns« {https://www.bbc.com/news/world-us-canada-52330531}

BBC News: »Donald Trump under fire for mocking disabled reporter« {https://www.bbc.com/news/world-us-canada-34930042}

BBC News: »Jared Kushner: The son-in-law with Donald Trump's ear« {https://www.bbc.com/news/world-us-canada-37986429}

BBC News: »Trump says Clinton emails saga ›bigger than Watergate‹« {https://www.bbc.com/news/av/election-us-2016-37806038}

BBC News: »White House bans certain news media from briefing« {https://www.bbc.com/news/world-us-canada-39085235}

Berger, Maria: »Abschiebungen und Kindeswohl« {https://www.falter.at/zeitung/20210203/abschiebungen-und-kindeswohl/_83a9179945}

Bertrand, Natasha: »Justice Department warns of national security fallout from Capitol Hill insurrection« {https://www.politico.com/news/2021/01/07/capitol-hill-riots-doj-456178}

Beuth, Patrick: »Big Data allein entscheidet keine Wahl« {https://www.zeit.de/digital/internet/2016-12/us-wahl-donald-trump-facebook-big-data-cambridge-analytica/komplettansicht}

Bienkov, Adam/Colson, Thomas: »Boris Johnson said UK's poorest communities are made-up of ›chavs,‹ ›burglars,‹ ›drug addicts,‹ and ›losers‹« {https://www.businessinsider.de/international/boris-johnson-said-britain-poorest-chavs-losers-criminals-addicts-burglars-2019-11/?r=US&IR=T}

Blick: »Nach Streit mit EU drückt Österreich auf den Sputnik-V-Impfturbo« {https://www.blick.ch/ausland/kanzler-kurz-will-in-100-tagen-alle-geimpft-haben-nach-streit-mit-eu-drueckt-oesterreich-auf-sputnik-v-impfturbo-id16437340.html}

Borak, Donna: »Trump again dangles a promise of tax cuts« {https://lite.cnn.com/en/article/h_9e9e4ddba09c1bb8a690d023a51990df}

Borak, Donna: »Trump again dangles a promise of tax cuts«: {https://edition.cnn.com/2019/09/13/politics/trump-middle-class-tax-cut-2020-election/index.html}

Borger, Gloria/Diamond, Jeremy/Liptak, Kevin/Raju, Manu: »Trump digs deeper into debunked conspiracy theories instead of embracing reality« {https://edition.cnn.com/2020/11/20/politics/trump-conspiracy-theories-election-2020/index.html}

Brand, Ulrich/Scherrer, Christoph: »Global Governance: konkurrierende Formen und Inhalte globaler Regulierung« {http://library.fes.de/pdf-files/akademie/online/50334-2011.pdf}

Breuninger, Kevin: »Former GOP presidential candidate Herman Cain dies after battle with coronavirus« {https://www.cnbc.com/2020/07/30/former-gop-presidential-candidate-herman-cain-dies-after-battle-with-coronavirus.html}

Brooks, Julia/Schulkin, Danielle: »Loyalty Above All: The ›Shallow State‹ of the Trump Administration« {https://www.justsecurity.org/73 226/loyalty-above-all-the-shallow-state-of-the-trump-administration/}

Brown, Pamela/Cohen, Zachary/Perez, Evan/Polantz, Katelyn: »Inside Rudy Giuliani's attempt to sow chaos on behalf of Trump and steal the election« {https://edition.cnn.com/2020/11/19/politics/rudy-giuliani-chaos-election/index.html}

Bundeskanzleramt: »Bundeskanzler Kurz: Gastronomie ist Teil der österreichischen Seele und der österreichischen Identität« {https://www.bundeskanzleramt.gv.at/bundeskanzleramt/nachrichten-der-bundesregierung/2020/bundeskanzler-kurz-gastronomie-ist-teil-der-oesterreichischen-seele-und-der-oester reichischen-identitaet.html}

Castelligasse.at: [Wahlplakate] {http://www.castelligasse.at/Politik/Wahlplakate.htm}

Chait, Jonathan: »Trump Praises QAnon Conspiracy Theory: ›They Like Me Very Much, Which I Appreciate‹« {https://nymag.com/intelligencer/2020/08/trump-qanon-con spiracy-theory-they-like-me-very-much.html}

Cillizza, Chris: »Donald Trump's incredibly unpresidential statement on Charlottesville« {https://edition.cnn.com/2017/08/12/politics/trump-charlottes ville-statement/index.html}

Cillizza, Chris: »How ›Lock Her Up!‹ just blew up« {https://edition.cnn.com/2020/01/10/politics/hillary-clinton-donald-trump-justice-department/index.html}

Cole, Devan: »Whitmer rips Trump campaign for attacking her after alleged kidnapping plot revealed« {https://edition.cnn.com/2020/10/08/politics/gretchen-whitmer-kidnapping-plot-cnntv/index.html}

Collinson, Stephen: »Trump mocks virus as he launches potential superspreader sprint to win reelection« {https://edition.cnn.com/2020/10/13/politics/donald-trump-election-2020-campaign/index.html}

Committee to Protect Journalists: »The Trump Administration and the Media« {https://cpj.org/reports/2020/04/trump-media-attacks-credibility-leaks/}

Damante, Becca: »At Least 15 Trump Officials Do Not Hold Their Positions Lawfully« {https://www.justsecurity.org/72456/at-least-15-trump-officials-do-not-hold-their-positions-lawfully/}

Demokratiezentrum Wien: [Bildstrategien] {http://www.demokratiezentrum.org/bildstrategien/oesterreich.html?index=29&dimension=}

Der Standard: »Burschenschafteranteil im FPÖ-Klub auf Rekordwert gestiegen« {https://www.derstandard.at/story/2000110465677/burschenschafteranteil-im-fpoe-klub-gestiegen}

Der Standard: »›Falter‹-Journalisten bei ÖVP-Hintergrundgespräch zu Hackerangriff nicht erwünscht« {https://www.derstandard.at/story/2000108268409/falter-journalisten-bei-oevp-hintergrundgespraech-zu-hackerangriff-nicht-erwuenscht}

Der Standard: »Grünen-Politiker: ›Lieber Gust, Kinder dürfen wählen und heiraten, wen sie wollen‹« {https://www.derstandard.at/story/2000108463748/gruenen-politiker-lieber-gust-kinder-duerfen-waehlen-und-heiraten-wen}

Der Standard: »Kanzler Kurz erklärt seinen Medienbeauftragten Fleischmann – Neos sehen ›Interessenkonflikt‹ bestätigt« {https://www.derstandard.at/story/2000116812647/kanzler-kurz-erklaert-seinen-medienbeauftragten-fleischmann-neos-sehen-interessenkonflikt-bestaetigt}

Der Standard: »Kurz schreibt Brief an WKStA und bietet seine Aussage an: ›Keine Einmischung‹« {https://www.derstandard.at/story/2000124355476/kanzler-kurz-bietet-wksta-eine-zeugenaussage-an}

Der Standard: »Nehammer gibt Eltern von Tina Schuld für nächtliche Abschiebung« {https://www.derstandard.at/story/2000123743638/nehammer-gibt-eltern-von-tina-schuld-fuer-naechtliche-abschiebung}

Der Standard: »›News‹: Nach kritischem Bericht habe Finanzministerium Werbung storniert – Ministerium dementiert, VGN insistiert« {https://www.derstandard.at/story/2000127508065/news-nach-kritischem-bericht-habe-finanzministerium-werbung-storniert-ministerium-dementiert}

Der Standard: »›Oh Gott. Reisen wie der Pöbel‹: Die Causa Öbag in Chat-Zitaten« {https://www.derstandard.de/story/2000127224389/oh-gott-reisen-wie-der-poebel-die-causa-oebag-in}

Der Standard: »ÖVP fordert Unterstützer auf, der Partei ›Verdächtiges im Internet‹ zu melden« {https://www.derstandard.at/story/2000105171649/oevp-fordert-unterstuetzer-auf-der-partei-verdaechtiges-im-internet-zu}

Der Standard: »Schweinefleischverbot im Kindergarten: Aufregung um TV-Bericht« {https://www.derstandard.at/story/2000060991866/schweine fleischverbot-im-kindergarten-aufregung-um-tv-bericht}

Der Standard: »Suspendierung von Justizsektionschef Pilnacek vom Gericht bestätigt« {https://www.derstandard.de/story/2000127264437/suspendie rung-von-justiz-sektionschef-pilnacek-vor-gericht-bestaetigt}

Diamond, Jeremy: »Trump: I could ›shoot somebody and I wouldn't lose voters‹« {https://edition.cnn.com/2016/01/23/politics/donald-trump-shoot-somebody-support/index.html}

Die neue Volkspartei: »VP-Klubobmann Wöginger: ›Links-Parteien wollen mittels Masseneinbürgerungen die Mehrheitsverhältnisse im Land ändern‹« {https://www.ots.at/presseaussendung/OTS_20210613_OTS0009/vp-klubobmann-woeginger-links-parteien-wollen-mittels-massen einbuergerungen-die-mehrheitsverhaeltnisse-im-land-aendern}

Die Presse: »Mauthausen-Gedenken ›parteipolitisch missbraucht‹« {https://www.diepresse.com/5981005/mauthausen-gedenken-parteipolitisch-missbraucht}
Die Presse: »Ringen um Vizekanzler: Kern droht Kurz mit freiem Spiel der Kräfte« {https://www.diepresse.com/5218530/ringen-um-vizekanzler-kern-droht-kurz-mit-freiem-spiel-der-krafte}
Die Presse: »Schnitzel-Causa war eigentlich ein Aprilscherz« {https://www.diepresse.com/5627676/schnitzel-causa-war-eigentlich-ein-aprilscherz}
Die Presse: »Terror: Verdächtiger plante ›Bürgerkrieg‹ in Europa« {https://www.diepresse.com/680493/terror-verdachtiger-plante-burgerkrieg-in-europa}
Die Presse: »Türkis-Blau reformiert Mindestsicherung: Vermögenszugriff bleibt« {https://www.diepresse.com/5536995/turkis-blau-reformiert-mindestsicherung-vermogenszugriff-bleibt}
Dobusch, Leonhard: »News-Cycling wie Kurz: Der News Cycle, seine Folgen und was wir dagegen tun können« {https://www.moment.at/story/news-cycling-wie-kurz-der-news-cycle-seine-folgen-und-was-wir-dagegen-tun-koennen}
Ecarma, Caleb: »Fox News Seizes on COVID Guidelines to Escalate This Year's ›War on Christmas‹« {https://www.vanityfair.com/news/2020/11/fox-news-covid-war-on-christmas}
Eichenberger, Reiner: »Die bisherigen Corona-Massnahmen führen in eine Sackgasse – doch es gibt einen möglichen Ausweg: geregelte Ansteckung und Immunisierung« {https://www.nzz.ch/meinung/coronavirus-der-ausweg-eine-geregelte-ansteckung-ld.1547955?reduced=true}
Escher, Manuel: »Trump schimpft auf Fauci, Forscher ›und all diese Idioten‹« {https://www.derstandard.at/story/2000121069827/trump-schimpft-auf-fauci-forscher-und-all-diese-idioten}
Fausset, Richard/Hakim, Danny: »Georgia Prosecutors Open Criminal Inquiry Into Trump's Efforts to Subvert Election«

{https://www.nytimes.com/2021/02/10/us/politics/trump-georgia-investigation.html}

Financial Times: »Boris Johnson creates new teams to oversee coronavirus recovery« {https://www.ft.com/content/d0673e9f-0a9c-4dc4-94d0-e985e46ceedb}

Fong, Benjamin F./Guastella, Dustin: »The Siren Song of ›Pro-Worker‹ Conservatism« {https://jacobinmag.com/2020/12/pro-worker-conservatism-right-wing-labor}

Fox News: »Trump: ›If I become president, we're all going to be saying »Merry Christmas« again‹« {www.foxnews.com/politics/trump-if-i-become-president-were-all-going-to-be-saying-merry-christmas-again.amp}

Freiheitlicher Parlamentsklub – FPÖ: »Weinzinger zu Kruzifixen: Österreichische christlich geprägte Gesellschaft muss erhalten bleiben« {https://www.ots.at/presseaussendung/OTS_20081030_OTS0194/weinzinger-zu-kruzifixen-oesterreichische-christlich-gepraegte-gesellschaft-muss-erhalten-bleiben}

Gabatt, Adam: »›Unparalleled privilege‹: why white evangelicals see Trump as their savior« {https://www.theguardian.com/us-news/2020/jan/11/donald-trump-evangelical-christians-cyrus-king}

Golshan, Tara: »Donald Trump's strange speaking style, as explained by linguists« {https://www.vox.com/2016/8/18/12423688/donald-trump-speech-style-explained-by-linguists}

Govedarica, Srjdan: »Mutmaßlicher Drahtzieher packt aus« {https://www.tagesschau.de/ausland/europa/ibiza-video-interviews-101.html}

Graber, Renate: »Wie die Novomatic den Hebel für ihr ›Italien-Problem‹ ansetzte« {https://www.derstandard.de/story/2000126352906/wie-die-novomatic-den-hebel-fuer-ihr-italien-problem-ansetzte}

Haberman, Maggie/Savage, Charlie: »Trump, Lacking Clear Authority, Says U.S. Will Declare Antifa a Terrorist Group« {https://www.nytimes.com/2020/05/31/us/politics/trump-antifa-terrorist-group.html}

Hamburger, Tom/Dawsey, Josh/Leonnig, Carol D./Harris, Shane: »Roger Stone claimed contact with WikiLeaks founder Julian Assange in 2016, according to two associates« {https://www.washingtonpost.com/politics/roger-stone-claimed-contact-with-wikileaks-founder-julian-assange-in-2016-according-to-two-associates/2018/03/13/a263f842-2604-11e8-b79d-f3d931d b7f68_story.html}

Heute: »Nikolo gerettet! Regierung ändert Corona-Regeln« {https://www.heute.at/s/nikolo-gerettet-regierung-aendert-corona-regeln-100114218}

Huber, Markus: »›Unsere Politiker sind viel zu weit weg von der Bevölkerung.‹ Interview mit Richard Schmitt« {http://www.fleischmagazin.at/index.php/2-magazin/24-richard-schmitt-unsere-politiker-sind-viel-zu-weit-weg-von-der-bevoel kerung}

Huber, Patricia: »Das sind die Hintergründe der Nikolo-Lüge« {https://kontrast.at/das-sind-die-hintergruende-der-nikolo-luege/}

Illing, Sean: »›Flood the zone with shit‹: How misinformation over whelmed our democracy« {https://www.vox.com/policy-and-politics/2020/1/16/20991816/impeachment-trial-trump-bannon-misinformation}

Innerhofer, Judith E.: »Der Kanzlermacher« {https://www.zeit.de/2017/52/wahlkampf-oesterreich-sebastian-kurz-kampagne-marketing-oevp/komplettansicht}

Jackson, Jon: »The ›War on Christmas‹: A History of the Holiday Season's Biggest Cultural Debate« {https://www.newsweek.com/war-christmas-history-1554700}

Jacobs, Ben/Laughland, Oliver: »Charlottesville: Trump reverts to blaming both sides including ›violent alt-left‹« {https://www.theguardian.com/us-news/2017/aug/15/donald-trump-press-conference-far-right-defends-charlottesville}

Katyal, Neal K./Schmidt, Thomas P.: »Trump Is Threatening to Subvert the Constitution«

{https://www.theatlantic.com/ideas/archive/2020/04/trump-adjournment-constitution/610171/}
Kessler, Glenn: »The ›very fine people‹ at Charlottesville: Who were they?« {https://www.washingtonpost.com/politics/2020/05/08/very-fine-people-charlottesville-who-were-they-2/}
Kittner, Daniela: »Kurz bei Wolf: ›Jeder Mörder wird respektvoller behandelt‹« https://kurier.at/politik/inland/kurz-im-gegenangriff-jeder-moerder-wird-respektvoller-behandelt/401380517
Klatzer, Jürgen/Schaffer, Tom/Gottsauner-Wolf, Moritz/Trescher, Thomas/Oberascher, Karl/Morscher, Mathias/Kaltenbrunner, Stefan: »ÖVP-Chef Mitterlehner zurückgetreten« {https://kurier.at/politik/inland/erklaerung-von-oevp-partei obmann-und-vizekanzler-reinhold-mitterlehner/263059278}
Klein, Rick: »Trump said ›blame on both sides‹ in Charlottesville, now the anniversary puts him on the spot« {https://abcnews.go.com/Politics/trump-blame-sides-charlottes ville-now-anniversary-puts-spot/story?id=57141612}
Kleine Zeitung: »ÖVP soll 880000 Euro Strafe zahlen« {https://www.kleinezeitung.at/politik/innenpolitik/5752617/Wegen-Ueberschreitung-der-Wahlkampfkosten_OeVP-soll-880000-Euro}
Kleine Zeitung: »Schredder-Mann kehrt zurück« {https://www.kleinezeitung.at/politik/innenpolitik/5690870/OeVP_SchredderMann-kehrt-zurueck}
Kleine Zeitung: »Verbotene Nikolausfeiern: Der wahre Grund« {https://www.kleinezeitung.at/politik/innenpolitik/5119451/Kindergarten_Verbotene-Nikolausfeiern_Der-wahre-Grund}
Kleine Zeitung: »Virologe Drosten: Warnung vor zweiter Welle im Winter« {https://www.kleinezeitung.at/international/corona/5805232/Virologe-Drosten_Warnung-vor-zweiter-Welle-im-Winter}
Klenk, Florian: »Warum der Kanzler die Justiz attackiert« {https://www.falter.at/zeitung/20200211/warum-der-kanzler-die-justiz-attackiert}

Kronen Zeitung: »Kommen Sie da wieder raus, Herr Kurz?« {https://www.krone.at/2414616}
Kurier: »Kurz: Nicht am gegenseitigen Anpatzen beteiligen« {https://kurier.at/politik/inland/kurz-nicht-am-gegenseitigen-anpatzen-beteiligen/283893751}
Kurier: »Mitterlehner zu Gesetzeskauf: ›So blöd ist in ganz Europa niemand‹« {https://kurier.at/politik/inland/u-ausschuss-mitterlehner-gibt-einblick-in-alte-oevp/401219430}
Kurier: »Regierung verdoppelt Inseratenbudget und plant Kampagne für Eigen-PR« {https://kurier.at/politik/inland/regierung-will-sich-um-30-mio-euro-selbst-bewerben/401108022}
Kurz, Sebastian: »Erklärung von Bundeskanzler Sebastian Kurz an den Nationalrat zu COVID-19« {https://www.bundeskanzleramt.gv.at/bundeskanzleramt/bundes kanzler-sebastian-kurz/reden-bundeskanzler-sebastian-kurz/regierungserklaerung-an-den-nationalrat-zu-covid-19.html}
LaFrance, Adriennne: »The Prophecies of Q. American conspiracy theories are entering a dangerous new phase« {https://www.theatlantic.com/magazine/archive/2020/06/qanon-nothing-can-stop-what-is-coming/610567/}
LeBlanc, Paul/Polantz, Katelyn: »Federal judge assails Trump's attacks on judiciary: He's feeding a ›destructive narrative‹« {https://edition.cnn.com/2019/11/07/politics/federal-judge-slams-trumps-attacks-judiciary/index.html}
Lee, Bruce Y.: »Study: Trump Rallies Linked To Over 700 Covid-19 Coronavirus Deaths, Here Are The Caveats« {https://www.forbes.com/sites/brucelee/2020/11/01/study-trump-rallies-linked-to-over-700-covid-19-coronavirus-deaths-here-are-the-caveats/?sh=fc40666064f3}
Lybrand, Holmes/Subramaniam, Tara/Dale, Daniel: »Fact checking Trump's call with Georgia's secretary of state« {https://edition.cnn.com/2021/01/04/politics/georgia-call-trump-raffensperger-fact-check/index.html}
Madner, Martine: »Mythen und Fakten zur Arbeitslosigkeit«

{https://www.wienerzeitung.at/nachrichten/politik/oesterreich/2 065 790-Mythen-und-Fakten-zur-Arbeitslosigkeit.html}

Marchart, Jan Michael: »Die stilleren Abschiebungen von Sona und Ashot« {https://www.derstandard.at/story/2000123744391/die-stilleren-abschiebungen-von-sona-und-ashot}

Mayer, Peter F.: »Kurz beendet auf Facebook Corona-Epidemie für Österreich« {https://www.meinbezirk.at/niederoesterreich/c-regionauten-community/kurz-beendet-auf-facebook-corona-epidemie-fuer-oesterreich_a4 104 759#gallery=null}

McCaskill, Nolan D.: »Trump: Acting more presidential would be ›boring as hell‹« {https://www.politico.com/blogs/2016-gop-primary-live-updates-and-results/2016/04/donald-trump-act-presidential-boring-as-hell-221 546}

Mijnssen, Ivo: »Wie aus Europas einstigen Corona-Musterschülern Sorgenkinder werden konnten« {https://www.handelsblatt.com/politik/international/infektions zahlen-wie-aus-europas-einstigen-corona-musterschuelern-sor genkinder-werden-konnten/26 193 316.html?ticket=ST-471 731 -zZXqP1Q4mDg9GbjP3BbP-ap6}

Mittelstaedt, Katharina/Schmid, Fabian: »Kurz greift Korruptionsstaatsanwaltschaft an: ›Viele Verfehlungen‹« {https://www.derstandard.at/story/2000124180050/gruener-koalitionspoker-antikorruptionspaket-oder-bluemel-abwahl}

Mittelstaedt, Katharina: »Kurz und Ibiza: Ein E-Mail-Skandal, der keiner war« {https://www.derstandard.at/story/2000105019335/kurz-und-ibiza-affaere-ein-e-mail-skandal-der-keiner}

Monn, Julia: »Im Schnellzugstempo verändert Donald Trump das Gesicht der amerikanischen Rechtsprechung« {https://www.nzz.ch/international/usa-mit-seinen-ernennungen-praegt-trump-die-justiz-fuer-jahrzehnte-ld.1 566 519}

NBC News: »›They Like Me Very Much‹: Trump Discusses The QAnon Conspiracy Theory Movement« {https://www.youtube.com/watch?v=GNI553Np__k}

Neuwal: »Transkript: Pressekonferenz Sebastian Kurz #strachevideo« {https://neuwal.com/transkript/20190518-pressekonferenz-sebastian-kurz.php}
Nikbakhsh, Michael: »Wirecard: ›Wir sehen einander ja heute Abend!‹« {https://www.profil.at/wirtschaft/wirecard-thomas-zach-jan-marsalek-und-christoph-ulmer/401180065}
Nimmervoll, Lisa: »Verfassungsgericht kippt türkis-blaue Sozialhilfe-reform« {https://www.derstandard.at/story/2000112385983/sozialhilfe-vfgh-hebt-kernpunkte-des-tuerkis-blauen-gesetzes-auf}
Ö1 Morgenjournal: »Kurz präsentiert Steuerpläne«. {https://oe1.orf.at/programm/20170606/475692/Morgenjournal-I}
Oberndorfer, Norbert: »Ohne Entlastung droht Personalkollaps« {https://www.noen.at/niederoesterreich/meinung/ohne-entlastung-droht-personalkollaps-niederoesterreich-print-kommentar-coronavirus-233828555}
Oberösterreichische Nachrichten: »Ab 1. Juli: Keine Maskenpflicht in der Gastronomie, Sperrstunde fällt« {https://www.nachrichten.at/politik/innenpolitik/regierung-verkuendet-weitere-oeffnungsschritte;art385,3414484}
Oberösterreichische Nachrichten: »Kurz will auch bei Anklage nicht zurücktreten« {https://www.nachrichten.at/politik/innenpolitik/kurz-will-auch-bei-anklage-nicht-zuruecktreten;art385,3398275}
Oberösterreichische Nachrichten: »Sputnik: Kanzler erklärt sich für ›nicht zuständig‹« {https://www.nachrichten.at/politik/innenpolitik/sputnik-kanzler-erklaert-sich-fuer-nicht-zustaendig;art385,3410909}
Oe24.tv: »Wirbel um Straches ÖVP-Geheimpapier« {https://www.oe24.at/oesterreich/politik/wirbel-um-straches-oevp-geheimpapier/297092779}
Olson, Laura R.: »Trump's use of religion follows playbook of authoritarian-leaning leaders the world over« {https://theconversation.com/trumps-use-of-religion-follows-

playbook-of-authoritarian-leaning-leaders-the-world-over-140050}
ORF: »Aktenlieferung. Blümel verteidigt Vorgehen« {https://orf.at/stories/3212568/}
ORF: »Fünf Festplatten wurden geschreddert« {https://orf.at/stories/3131233/}
ORF: »Grüne wollen mit ÖVP sprechen«{https://orf.at/stories/3180817/}
ORF: »Heftige Wien-Kritik von Kurz« {https://orf.at/stories/3107219/}
ORF: »Nach Absetzung. Kurz gibt sich kämpferisch« {https://orf.at/stories/3124780/}
ORF: »Nächste Datenaffäre mit offenen Fragen« {https://orf.at/stories/3136215/}
ORF: »Nehammer: Nur ein Teil österreichischer Zelte landete in Lesbos« {https://orf.at/stories/3191879/}
ORF: »Rabinovici: Kurz' ›Spiel‹ mit Antisemitismus« {https://orf.at/stories/3123320/}
ORF-Oberösterreich: »FPÖ beginnt Plakatkampagne in Oberösterreich« {https://ooe.orf.at/v2/news/stories/2714039/}
ORF-Wien: »Schülerinnen trotz Protesten abgeschoben« {https://wien.orf.at/stories/3087217/}
Our World in Data: »Coronavirus (COVID-19) Deaths« {https://ourworldindata.org/covid-deaths}
Panetta, Alexander: »Why we just witnessed a pro-Trump purge in the Republican Party« {https://www.cbc.ca/news/world/trump-cheney-republicans-vote-1 6022868}
Parlamentsklub Bündnis Zukunft Österreich: »BZÖ-Tscharnutter: Nikolausverbot in Wiener Kindergärten völlig absurd« [Pressemitteilung] {https://www.ots.at/presseaussendung/OTS_20081202_OTS0172/bzoe-tscharnutter-nikolausverbot-in-wiener-kindergaerten-voellig-absurd}

Pausackl, Christian: »ÖVP: Warum hört man nichts mehr von den prominenten Quereinsteigern?« {https://www.profil.at/oesterreich/oevp-quereinsteiger-10443810}

Pindur, Marcus: »Trump unterzeichnet Loyalitätseid der Republikaner« {https://www.deutschlandfunk.de/us-vorwahlkampf-trump-unterzeichnet-loyalitaetseid-der.1773.de.html?dram:article_id=330147}

Politifact: »Donald Trump – Scorecard« {https://www.politifact.com/personalities/donald-trump/}

Porter, Tom: »Trump attacked the judge presiding over Roger Stone's trial, and praised AG Barr after the entire DOJ prosecution team resigned in protest at his meddling« {https://www.businessinsider.com/trump-attacks-judge-and-officials-in-roger-stone-prosecution-2020-2?r=DE&IR=T}

Prokop, Andrew: »The many scandals of Trump's new acting Attorney General Matt Whitaker, explained« {https://www.vox.com/2018/11/13/18087560/matt-whitaker-mueller-trump-sessions}

Public Broadcasting Service: »Cruz blasts Trump as ›pathological liar‹ as Indiana voters head to the polls« {https://www.pbs.org/weta/washingtonweek/web-video/cruz-blasts-trump-pathological-liar-indiana-voters-head-polls}

Puls24.at: »›Dass Sebastian Kurz das blockiert, ist unerträglich‹« Interview-Video mit Michel Reimon {https://www.puls24.at/video/reimon-dass-sebastian-kurz-das-blockiert-ist-unertraeglich/short}

Rachbauer, Stefanie/Schwarz, Christoph: »Corona-Streit um Bundesgärten: ›Köstingers Niveau ist kindisch‹« {https://kurier.at/chronik/wien/corona-streit-um-bundesgaerten-koestingers-niveau-ist-kindisch/400799567}

Redaktionsnetzwerk Deutschland: »Tourismusministerin Köstinger: Skilifte sicher wie U-Bahn-Fahren« {https://www.rnd.de/reise/osterreich-skilifte-laut-tourismus ministerin-sicher-wie-u-bahn-fahren-LUWJAQABO5VTEWM LIPE67BAGCA.html}

Reuters: »Trump Says He Will Participate in Debate With Biden, but Thinks It Is Unfair« {https://www.reuters.com/article/usa-election-trump-topics-idUSW1N2GK03W}
rev.com: »Donald Trump Speech Transcript at North Carolina GOP Convention Dinner June 5« {https://www.rev.com/blog/transcripts/donald-trump-speech-transcript-at-north-carolina-gop-convention-dinner-june-5}
Riedl, Joachim: »Kurz und Schluss« {https://www.zeit.de/politik/ausland/2017-05/oevp-aussen minister-sebastian-kurz-oesterreich-neuwahlen}
Robinson, Nathan J.: »There Is No Invisible Referee« {https://www.currentaffairs.org/2020/09/there-is-no-invisible-referee}
Rupar, Aaron: »Trump seems to think there'd be no coronavirus if there was no testing. It doesn't work like that« {https://www.vox.com/2020/5/15/21259888/trump-coronavirus-testing-very-few-cases}
Sarlin, Benjy: »United States of Trump. An inside look at the voters who took over the Republican Party« {https://www.nbcnews.com/specials/donald-trump-republican-party/}
Scharfmüller, Michael: »Lob von IB-Sellner: Volkspartei jetzt auch gegen Bevölkerungsaustausch« {https://www.info-direkt.eu/2021/06/14/lob-von-ib-sellner-volkspartei-jetzt-auch-gegen-bevoelkerungsaustausch/}
Schmid, Fabian: »Befreiungsfeier in Mauthausen: Seltsame Abwesenheit« {https://www.derstandard.at/story/2000126699963/befreiungs feier-in-mauthausen-seltsame-abwesenheit}
Schmid, Fabian: »Schmid nach mehr Budget für Außenminister Kurz: ›Du schuldest mir was‹« {https://www.derstandard.at/story/2000127270907/schmid-nach-mehr-budget-fuer-aussenminister-kurz-du-schuldest-mir}
Schmid, Mirko/Richter, Marcel: »›One America News Network‹ (OAN): Donald Trump macht sich über Konkurrent Fox News lustig«

{https://www.fr.de/politik/donald-trump-usa-wahl-2020-oan-one-america-news-network-youtube-probleme-fox-news-90110164.html}

Schumacher, Elizabeth: »Sebastian Kurz is Remaking Europe's Future From its Darkest Past« {https://www.newsweek.com/2018/10/26/sebastian-kurz-young-austrians-see-themselves-their-chancellor-1173607.html}

Seeh, Manfred: »Behörden-Versagen vor Wien-Terror: Klagswelle droht« {https://www.diepresse.com/5937818/behorden-versagen-vor-wien-terror-klagswelle-droht}

Steinke, Ronen: »Österreichs offene Gesellschaft beschädigt sich selbst« {https://www.sueddeutsche.de/politik/oesterreich-kurz-islam-1.5112916}

Stolberg, Sheryl Gay: »Trump's Secret Health Plan Is a Promise Voters Have Heard Before« {https://www.nytimes.com/2020/09/17/us/politics/trumps-health-care.html}

Strobl, Natascha: »Sebastian Kurz und das Balkan-Virus« {https://www.moment.at/story/sebastian-kurz-und-das-balkan-virus}

Stubley, Peter: »Boris Johnson described most deprived members of society as ›chavs, losers, burglars and drug addicts‹« {https://www.independent.co.uk/news/uk/politics/boris-johnson-poor-working-class-chav-loser-burglar-drug-addict-a9227941.html}

Süddeutsche Zeitung: »Sebastian Kurz zum ÖVP-Chef gewählt« {https://www.sueddeutsche.de/politik/oesterreich-sebastian-kurz-zum-oevp-chef-gewaehlt-1.3569511}

Sullivan, Margaret: »Kellyanne Conway Undermined the Truth Like No Other Trump Official. And Journalists Enabled Her« {www.washingtonpost.com/lifestyle/media/kellyanne-conway-undermined-the-truth-like-no-other-trump-official-and-journalists-enabled-her/2020/08/26/3d5be4b6-e798-11ea-97e0-94d2e46e759b_story.html%3foutputType=amp}

Tagesschau: »Österreich lässt Mitte Juni die Maske fallen« {https://www.tagesschau.de/ausland/oesterreich-coronavirus-lockerungen-101.html}

The Economist: »The business of outrage. Some Americans are getting rich by pushing politics to extremes« {https://www.economist.com/business/2016/10/15/the-business-of-outrage}

The Guardian: »Steve Bannon banned by Twitter for calling for Fauci beheading« {https://www.theguardian.com/us-news/2020/nov/06/steve-bannon-banned-by-twitter-for-calling-for-fauci-beheading}

The National Desk: »President Trump launches the ›Evangelicals for Trump‹ coalition from the El Rey Jesus Church in Miami, Florida« {https://www.facebook.com/442430012490396/videos/503245726985451}

Tóth, Barbara/Redl, Josef: »Projekt Ballhausplatz« {https://www.falter.at/zeitung/20170919/projekt-ballhausplatz}

Tóth, Barbara: »FALTER.maily #19 – Ganz persönlich« {https://www.falter.at/maily/68/19-ganz-personlich}

Vazquez, Maegan: »White House Thanksgiving proclamation calls for Americans to ›gather‹ even as Covid-19 surges« {https://edition.cnn.com/2020/11/25/politics/white-house-thanks giving-gather-coronavirus/index.html}

Völker, Michael: »Politischer Einfluss auf Justiz: Aus dem Hintergrund in die Offensive« {https://www.derstandard.at/story/2000114258141/aus-dem-hin tergrund-in-die-offensive}

Völker, Michael: »SPÖ erklärt Silberstein-Affäre für erledigt – und droht mit Klagen« {https://www.derstandard.at/story/2000073437529/spoe-er klaert-silberstein-affaere-fuer-erledigt-und-droht-mit-klagen}

Wammerl, Patrick: »Semmering-Chaos: Mobilfunk-Daten zeigen Spitzenzeiten mit mehr als 4700 Besuchern« {https://kurier.at/chronik/oesterreich/semmering-chaos-mobil funk-daten-zeigen-spitzenzeiten-mit-mehr-als-4000-besuchern/401147658}

Weller, Christian: »Trump's Wasteful Tax Cuts Lead To Continued Trillion Dollar Deficits In Expanding Economy« {https://www.forbes.com/sites/christianweller/2020/01/29/trumps-wasteful-tax-cuts-lead-to-continued-trillion-dollar-deficits-in-expanding-economy/?sh=2f23573966c4}
White, Abbey: »White supremacists and neo-Nazis are praising Trump's ›honest‹ Charlottesville comments« {https://www.vox.com/identities/2017/8/15/16153736/white-supremacists-neo-nazis-trump-honest-charlottesville-tweets}
Wiener Zeitung: »Ibiza-Untersuchungsausschuss endet am 15. Juli« {https://www.wienerzeitung.at/nachrichten/politik/oesterreich/2105057-Ibiza-Untersuchungsausschuss-endet-am-15.-Juli.html}
Wise, Alana: »Calling Protesters ›Thugs‹ And Biden Extreme, Trump's Bombastic Campaign Returns« {https://www.npr.org/2020/08/28/907310641/calling-protesters-thugs-and-biden-extreme-trump-s-bombastic-campaign-returns?t=1609433233883&t=1618147300811}
Witzeling, Daniel: »Politiker als Projektionsfläche: Wie Stereotype unsere Wahrnehmung beeinflussen« {https://www.derstandard.at/story/2000119814000/politiker-als-projektionsflaeche-wie-stereotype-unsere-wahrnehmung-beein flussen}
zackzack.at: »Wusste Nehammer vom IS-Terroristen? Vorwarnung aus dem Militär« {https://zackzack.at/2020/12/02/wusste-nehammer-vom-is-terroristen-vorwarnung-aus-dem-militaer/}
ZIB 2: »Kanzler Kurz zu den Lockerungen (2.12.2020)« {https://www.youtube.com/watch?v=G2FJvDnc470} (3:18-3:33)
Zoellner, Danielle: »Trump calls Michigan lockdown protesters ›good people‹ a day after armed demonstrators stormed statehouse« {https://www.independent.co.uk/news/world/americas/trump-michigan-protests-twitter-lockdown-capitol-coronavirus-gretchen-whitmer-a9494276.html}